Mathematik im Alltag

von
Dipl.-Ing. Dr. Thomas Benesch

Oldenbourg Verlag München Wien

Bibliografische Information der Deutschen Nationalbibliothek

Die Deutsche Nationalbibliothek verzeichnet diese Publikation in der Deutschen Nationalbibliografie; detaillierte bibliografische Daten sind im Internet über <http://dnb.d-nb.de> abrufbar.

© 2008 Oldenbourg Wissenschaftsverlag GmbH
Rosenheimer Straße 145, D-81671 München
Telefon: (089) 45051-0
oldenbourg.de

Lektorat: Wirtschafts- und Sozialwissenschaften, wiso@oldenbourg.de
Herstellung: Sarah Voit
Gedruckt auf säure- und chlorfreiem Papier
Gesamtherstellung: Druckhaus „Thomas Müntzer" GmbH, Bad Langensalza

ISBN 978-3-486-58390-8

Vorwort

Die Idee zur Abfassung dieses Werkes entstand aus der Tatsache, dass meine Vorträge über Tangram und ähnliche verwandte Themen sehr starkes Interesse beim Publikum hervorriefen. Auch die anregenden Beweise über den Satz des Pythagoras mittels Legematerial brachten häufig den Wunsch nach mehr Information von Seiten der Zuhörer. Die Idee, die Multiplikation unter anderen Gesichtspunkten zu betrachten, rief oft großes Staunen unter der Hörerschaft hervor. Ausschlaggebend war, dass diese Thematik für eine breite Altersschicht als spannend empfunden wurde und die Vorträge stets durchgehend interessant eingestuft wurden. Ergänzend dazu wurden zahlreiche Workshops für Kinder ab einem Alter von 6 Jahren mit vielen Inhalten dieses Buches durchgeführt. Aber auch Mathematiktage für Jugendliche und Erwachsene wurden erfolgreich durchgeführt. Es war immer wieder eine Freude, den „aha"-Effekt und die glänzenden Augen zu erleben, wenn beispielsweise eine Multiplikation auf vollkommen andere – und neue – Weise sogar viel schneller als mit dem Taschenrechner – durchgeführt werden konnte.

Dies galt es nun zu verknüpfen und so führt das erste Kapitel in die Welt des Pythagoras und zeigt, wie seine Thesen mit Hilfe von Zerlegung, Ergänzung oder gar Parkettierung zu beweisen sind. Dabei werden sehr viele unterschiedliche Methoden gezeigt, die jeweils selbst nachgemacht werden können. Aufgelockert wird dieses Kapitel mit der Lebensgeschichte von Pythagoras, die seine Interessen und sein Streben widerspiegelt.

Das zweite Kapitel beschäftigt sich anschaulich mit dem Katheten- und Höhensatz und deren Zusammenhang mit dem Satz des Pythagoras. Hier wird klarerweise ein Schwerpunkt auf die Verständlichkeit beider Sätze gelegt. Diese werden bildhaft (und sogar mit ein wenig Aufwand: greifbar!) gezeigt, und zwar unter Verwendung der Methoden der Zerlegung und Ergänzung. Die Idee des Tangrams wird aufgezeigt und eine Verknüpfung zum Satz des Pythagoras hergestellt. So wird die Vielfältigkeit des Tangram offensichtlich und mit unterschiedlichen Aufgabenbereichen mittels Tangram kombiniert. Ein Beispiel ist unter anderem ein Viereck, welches im wahrsten Sinne fliegen lernen kann.

Im verspielten Kapitel drei stehen Varianten von Legespielen wie verschiedene Tangrams und Pentomino im Mittelpunkt. Diese in der Praxis erprobten Konzepte ermöglichen innerhalb eines spielerischen Zuganges strategisches Denken und räumliches Vorstellungsvermögen zu fördern und zu verstärken. Sie ergänzen beziehungsweise untermauern dadurch die Inhalte dieses Buches im visuellen wie motorischen Sinn. Klarerweise findet sich auch in diesem Kapitel Pythagoras wieder, der sich in einigen spannenden Spielen und Hintergründen nicht lang unbemerkt versteckt halten ließ.

Das abschließende Kapitel vier nimmt ausführlich Bezug auf pythagoreische Rechentafeln und ermuntert, das Malnehmen mal ganz anders als bisher zu nehmen. So werden vielfältige Rechenschritte vorgestellt, die einen anderen, jedoch sehr hilfreichen Zugang und weitere Wege zu einem besseren Verständnis der (Schul)Mathematik aufzeigen. Längst vergessene Methoden, wie Rechenstäbchen oder Gittermethoden, erfahren eine Wiederbelebung. Zum Abschluss des Kapitels wird „Mathe mit Lächeln" als Multiplikationsmethode vorgestellt.

Dieses Buch ist eine Zusammenfassung all des oben Beschriebenen – Pythagoras zeigt einmal einen spitzbübischen Blick zwischen den Zeilen, ein anderes Mal stellt er sich zu Recht in den Mittelpunkt und dominiert mit seinem Wissen. Sämtliche Kapitel sind stark miteinander verknüpft und zeigen wunderbare Methoden der Mathematik auf.

Das Buch ist gedacht zum Angreifen, zum Anschauen und ebenso zum Nachdenken – vieles lässt sich mittels Bleistift, Papier und Schere nachmachen und ausbauen.

Die Erfahrungen, die ich mit diesem Zugang im Lauf der Zeit gesammelt habe, hat gezeigt, dass sich die Einstellung zahlreicher Zuhörer zur Mathematik durchgehend positiv verändert hat. An dieser Stelle möchte ich gerne auf mein Buch mit dem Titel „Statistik zum Anfassen" hinweisen, welches der Statistik im Alltag, so wie wir sie in zum Beispiel in Zeitungen, im Radio oder anderen Medien erleben, auf den Grund geht und viele Kuriositäten aufzeigt, die in der Welt der Statistik schlummern.

Dank gebührt Frau Karin Schuch für die Unterstützung bei der Fertigstellung des Buches. Eventuelle Fehler oder Unklarheiten bleiben klarerweise beim Verfasser. Auf Rückmeldungen beziehungsweise auf Feedback würde ich mich sehr freuen – gerne können Sie mich unter Thom@s-Benesch.com kontaktieren.

Das Buch zeigt viele spannende Verknüpfungen der Mathematik auf die einfach erlebt werden können. Ich wünsche Ihnen hierzu, werte Leserin und werter Leser, ebenso viel Spaß an der Mathematik wie ich ihn beim Verfassen dieses Buches hatte – und wünsche weiters viel Freude sowohl beim Lesen als auch bei der Anwendung der gegebenen Inhalte.

Thomas Benesch, im September 2007

Inhalt

1   Pythagoras, die Märchengestalt

Gleich zu Beginn eine kleine Klarstellung zum besseren Verständnis. Immer, wenn nachfolgend von einem rechtwinkeligen Dreieck ABC gesprochen wird, so ist damit ein Dreieck gemeint, das bei C einen rechten Winkel besitzt und die Seitenlängen mit a, b und c bezeichnet werden. Folglich wird c als Hypothese, und a sowie b als Katheten benannt.

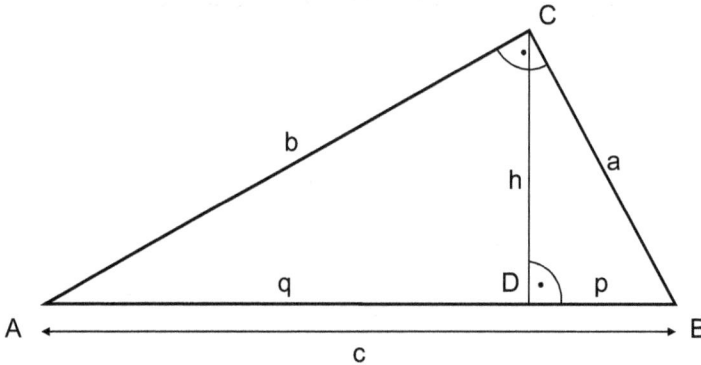

Bezeichnungen beim rechtwinkeligen Dreieck

Die von C ausgehende Höhe bestimmt „die Höhe" des Dreiecks insgesamt (die anderen Dreieckshöhen fallen mit den Katheten zusammen). Die Länge wird mit h und der Höhenfußpunkt mit D bezeichnet. Zusätzlich haben noch die Hypotenusenabschnitte mit den Längen q und p Bedeutung.

1.1   Der Satz des Pythagoras

Bei jedem rechtwinkeligen Dreieck ist der Flächeninhalt des Quadrats über der Hypotenuse genauso groß wie die Summe der Flächeninhalte der beiden Kathetenquadrate.

ODER

In den rechtwinkeligen Dreiecken ist das Quadrat über den rechten Winkel unterspannenden Seite gleich den Quadraten über den rechten Winkel einschließenden Seiten.

$$a^2 + b^2 = c^2$$

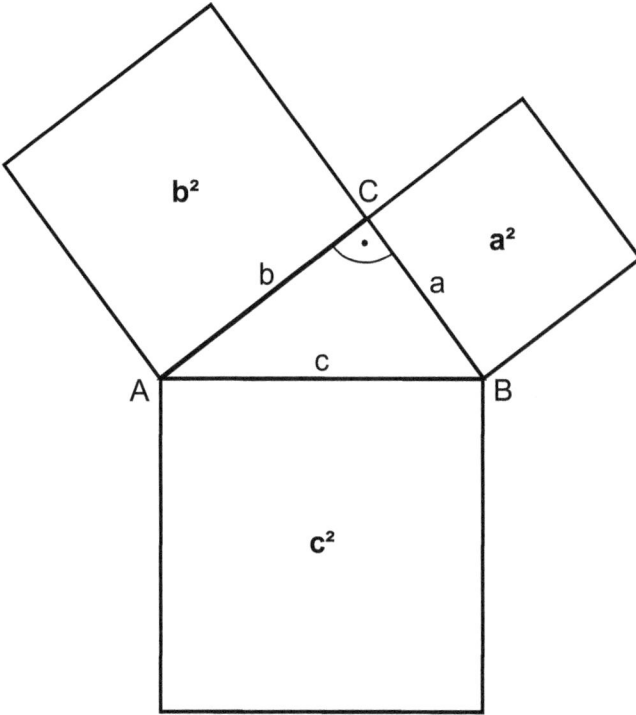

Der Satz des Pythagoras: Veranschaulichung

Das ägyptische Knotenseil, mit welchem im Altertum rechte Winkel abgesteckt wurden, kann als Hinweis darauf angewendet werden, dass es sich um ein rechtwinkeliges Dreieck mit c als Hypotenuse handeln muss: Wenn sich bei einem Dreieck die Seiten $c : b : a = 5 : 4 : 3$ verhalten, so folgt aus dieser Beziehung $5^2 = 4^2 + 3^2$.

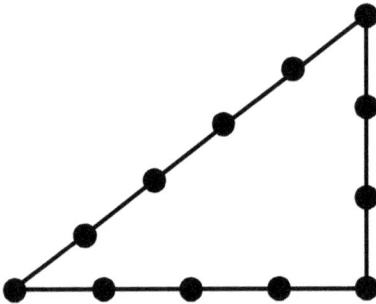

Das ägyptische Knotenseil

1.2   Pythagoras von Samos

„Im rechtwinkligen Dreieck ist die Summe der Kathetenquadrate gleich dem Hypotenusenquadrat." Diese Worte, auch als Satz des Pythagoras bekannt, werden dem Lebenswerk des Pythagoras von Samos oftmals gleichgesetzt. Wie aber folgende Zitate erkennen lassen, war dieser Mensch noch viel mehr.

- „Er ist einer der bedeutendsten Menschen." (Bertrand Russell)
- „Er ist der Anführer der Schwindler." (Heraklit)
- „Als er den Satz gefunden hatte, soll er den Göttern hundert Ochsen geopfert haben. Seitdem zittern alle Ochsen, sooft eine neue Wahrheit entdeckt wird." (Ludwig Börne)

Über sich selbst sagt Pythagoras von Samos, er sei ein Sonderwesen zwischen Mensch und Gott. Diese Aussage verdeutlicht zugleich die Unklarheit, die seiner Person zugrunde liegt. Die Pythagorasüberlieferung ist nicht ganz zuverlässig: Was ist Legende und welcher Anteil entspricht der Wahrheit? Meist werden die folgenden Daten zu seiner Person aufgeführt, sie sind aber keineswegs unumstritten.

- 570 vor Christus wird Pythagoras auf der ionischen Insel Samos geboren.
- Sein Vater ist der samische Goldschmied Mnesarchos.
- Als 20-jähriger lernt er in Milet bei Thales und Anaximander.
- Später lernt er bei ägyptischen Priestern und soll sogar nach Babylon gelangt sein, um seinen Wissensdurst zu befriedigen.
- Mit ca. 40 Jahren kehrt er nach Samos zurück, findet in seinen Lehren aber kaum Zuspruch. 530 vor Christus schifft er nach Kroton an die Ostküste Kalabriens.
- Im Jahre 510 vor Christus brach in Kroton ein Krieg mit Sybaris aus, da sich die Stadt Kroton auf Verheiß von Pythagoras weigerte, geflüchtete Sybriaten auszuliefern. Sybaris wurde in diesem Krieg zerstört, doch es kam durch Unstimmigkeiten bezüglich der Aufteilung des Landes in weiterer Folge in Kroton zu inneren Spannungen, die Pythagoras veranlassten, nach Metapontion zu übersiedeln.

- In Metapontion verbrachte Pythagoras dann den Rest seines Lebens und starb dort etwa um 500 vor Christus.

Er lehrt zunächst die Elemente des anständigen Lebens, darunter die Achtung vor den Eltern, die Absage an die Trägheit und das Streben nach Geistesbildung und Gerechtigkeit. Er gründet eine Schule, die vielmehr den Zweck einer religiösen Lebensgemeinschaft erfüllt. Unter seinen Schülern gilt er als der Göttliche, denn sie wagen es nicht seinen Namen auszusprechen. „Die reine Wahrheit sei nur ihm zugänglich", so Pythagoras. Die Folge ist, dass eine Vielzahl von mysteriösen Geschichten über Pythagoras erzählt werden.

Die Lehre Pythagoras

„Die Seele ist unsterblich und wechselt den Ort, indem sie von einer Art Lebewesen in eine andere übergeht." Diese innere Reinheit stand im Mittelpunkt des pythagoreischen Lebens. Es wurde wenig gegessen, wenig geschlafen und viel geschwiegen. Alle beseelten Wesen gehörten einer großen Familie an und so wurden Frauen und Männer auch als gleichberechtigt angesehen. Das Freundschaftsgebot führte bis zur Abschaffung des Privateigentums jedes einzelnen Menschen in der Gemeinschaft.

Der geradeste Weg zur Gottheit sei die intellektuelle Tätigkeit. Deshalb verordnete Pythagoras seinen Schülern die „mathemata". Er konzentrierte sich dabei auf Arithmetik, Geometrie, Astronomie und Musikwissenschaft. „Der Geist sollte und konnte sich bessern auf Grund der Mathematik." Beeinflusst wurde Pythagoras dabei wahrscheinlich auch durch die babylonischen Lehren, denn dort wurde der Himmel mittels Zahlenkraft geordnet und hatte eine mächtige Stellung bei den Menschen. Zusätzlich entdeckte Pythagoras die Verbindung zwischen Arithmetik und Musik, die eine der größten Hochgenüsse der Griechen war. Durch den Zusammenhang der Arithmetik mit der Musik kam er schlussendlich zu der Erkenntnis:

Alles ist Zahl!

Die Prinzipien der Mathematik sind die Prinzipien aller Dinge!

Zahlenmystik, insbesondere das Minimalprinzip der Zahlenmystik, ist ein weiterer Schwerpunkt der pythagoreischen Lebenswelt. Die erste aller Zahlen mit einer vorgegebenen Eigenschaft (z.B. die Zahl 4 als erste Quadratzahl ist eine heilige Zahl) hat einen ganz besonderen Rang.

Die Pythagoreer waren verpflichtet, über ihre Lehren und Erkenntnisse in einer Art Geheimbündnis Stillschweigen zu bewahren. Der Satz des Pythagoras war jedoch nicht – wie oft angenommen wird – die Entdeckung von Pythagoras selbst, sondern war schon 1800 vor Christus bei den Babyloniern bekannt. Die Griechen leiteten aber als erste das Phänomen der Inkommensurabilität von diesem ab. Zwei Zahlen werden dann als kommensurabel (lateinisch zusammen messbar) bezeichnet, wenn sie ganzzahlige Vielfache einer geeigneten dritten Zahl sind. Haben sie also einen gemeinsamen Teiler, heißen zwei Zahlen kommensurabel, ansonsten werden sie inkommensurabel benannt.

Bei Pythagoras´ Mathematik fehlten allerdings die irrationalen Zahlen, welche erst im Jahre 1871 geschaffen wurden. Mit deren Hilfe wären wohl bestimmt schon die Pythagoreer in der

Lage gewesen, inkommensurable Verhältnisse auszudrücken. Es hätte wiederum ihren Grundsatz bestätigt: „Alles ist Zahl!"

1.3   War Pythagoras Chinese?

Ehe sie mit dem Prinzip der rechtwinkeligen Dreiecke völlig vertraut waren, hatten die Chinesen das 3-4-5-Dreieck untersucht, ein Dreieck, das Katheten aus 3 und 4 Einheiten und eine Hypotenuse aus 5 Einheiten besaß. Das ist das kleinste rechtwinkelige Dreieck mit ganzzahligen Seiten.

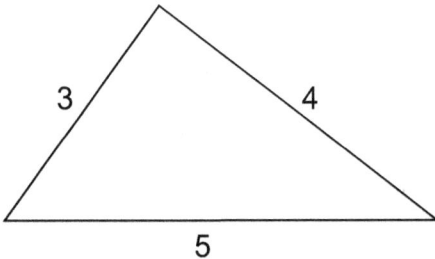

Das 3-4-5-Dreieck der Chinesen

Das 3-4-5-Dreieck war tatsächlich so bekannt, dass es einen speziellen Namen bekam: Hsuan-thu.

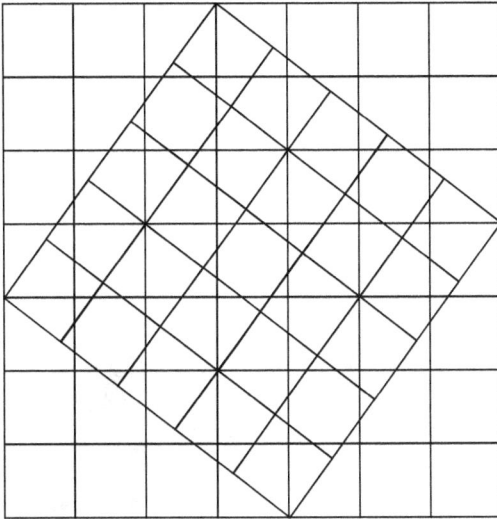

Ein altchinesischer Beweis für das 3-4-5-Dreieck

Der im altchinesischen Kalenderwerk „Chou Pei Suan Ching" ausgearbeitete Beweis bezieht sich lediglich auf das 3-4-5-Dreieck. Dennoch lässt er sich auch auf den allgemeinen Fall übertragen. In dieser Schrift wird das 3-4-5-Dreieck mit folgenden Worten erwähnt: „Wird ein rechter Winkel in seine Bestandteile zerlegt, so ist eine die Endpunkte seiner Schenkel verbindende Linie 5, wenn die Grundlinie 3 und die Höhe 4 ist.".

Zuweilen wird behauptet, dass dieses 3-4-5-Dreieck auch den ägyptischen harpedonaptai oder Seilspannern bekannt war, die die Ufergebiete am Nil nach einer Überschwemmung neu vermaßen. Nach dieser Theorie wurde das Seil an zwei Stellen verknotet, sodass drei Längen von 3, 4 und 5 Einheiten gebildet wurden. Als das Seil so straff gespannt wurde, dass die Längen die drei Seiten des Dreiecks bildeten, wäre der Winkel zwischen der 3er-Seite und der 4er-Seite ein rechter Winkel gewesen, da $3^2 + 4^2 = 5^2$. Ein derartiges Hilfsmittel, so heißt es, wurde vielleicht auch beim Bau der Pyramiden und anderer heiliger Stätten verwendet. Es ist jedenfalls bekannt, dass es die Ägypter aus religiösen Gründen mit der Ausrichtung dieser Bauwerke äußerst genau nahmen.

Diese Mystik unterscheidet sich nicht allzu sehr von jener, die in China in "*Die klassische Arithmetik*" aufgezeigt wird – doch in Ägypten beruhte die Mystik zweifellos auf der Verwendung des Dreiecks durch die Priesterschaft. In China dagegen handelte es sich eher um eine menschliche Geste der Demut angesichts der Darlegung der Naturgesetze. In Ägypten blieb das Dreieck nichts weiter als ein heiliges Dreieck – in China wurde daraus hingegen ein Gesetz der Geometrie.

In Wirklichkeit ist nicht bekannt, wie der erste Beweis für den allgemeinen Satz des rechten Winkels aussah, aber wenn er in China seinen Ursprung hat, dann müsste er eigentlich nach der Puzzlemethode entwickelt worden sein.

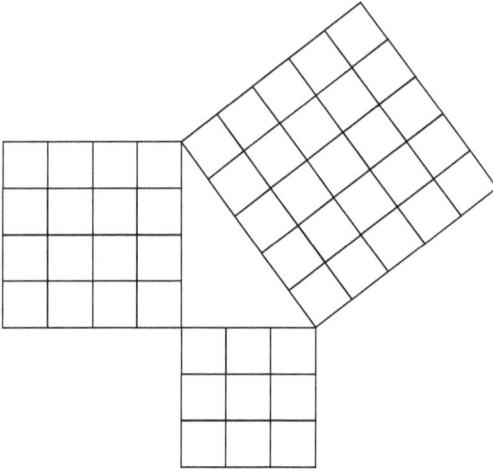

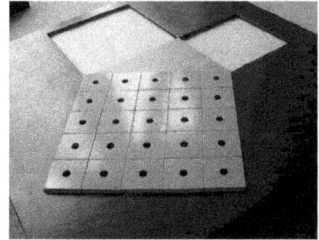

Pythagoreischer Lehrsatz und Einheitsquadrate

Auf den Seiten eines rechtwinkeligen Dreiecks werden Quadrate errichtet und deren Flächeninhalte verglichen. Dazu werden in die einzelnen Quadrate Einheitsquadrate eingezeichnet und deren Anzahl bestimmt. Es ist zu erkennen, dass in einem rechtwinkeligen Dreieck die Summe der Flächeninhalte der Quadrate über den Katheten gleich dem Flächeninhalt des Quadrats der Hypotenuse ist:

$$4^2 + 3^2 = 5^2 \text{ oder } 16 + 9 = 25.$$

1.4   Der Satz des Pythagoras und die Anwendung im Alltag

Hand aufs Herz, kennen Sie das vielleicht auch von sich selbst, dass diese Frage beim Lernen bestimmter Dinge aufkommt: „Wozu wird das eigentlich wirklich gebraucht?" Gerade bei der Mathematik ist dieses In-Frage-Stellen häufig noch zusätzlich mit verzweifelten oder gar gequälten Gesichtern gepaart. Natürlich kann es vorkommen, dass bestimmte Dinge „im echten Leben" nicht (mehr) benötigt werden, aber dennoch sind gewisse Umstände spannend zu wissen, insbesondere wenn sie mit einem entspannten, und nicht allzu sehr theoretischen Zugang hinterfragt werden. Hier soll als Beispiel einmal eine Anwendung des Satzes des Pythagoras aus dem Alltag herangezogen werden.

Angenommen, es soll ein Badminton-Netz aufgestellt werden. Und weil das Netz ja gespannt werden muss, sind die Pfosten, welche das Netz halten, durch Seile zu stützen. Auf einer Gebrauchsanleitung zum Aufstellen des Badminton-Netzes steht, dass die Seile mindestens 2 Meter von dem Pfosten entfernt in den Boden gesteckt werden, damit sie durch die große Kraft der Spannung nicht reißen. Also, nichts wie los und solche Seile kaufen. Damit aber bloß nicht zu kurze Seile gekauft werden, könnte nun praktischerweise mit Hilfe des Satzes vom Pythagoras die Mindestlänge der Seile ausgerechnet werden, oder? Kein Problem für Leser wie Sie!

Die Pfosten selbst sind 1,3 Meter hoch. Also wird die Mindestlänge mit Hilfe des Satzes von Pythagoras wie folgt kalkuliert:

(Mindestlänge des Seiles)² = (Höhe des Pfostens)² + (Mindestabstand)²

Ergebnis: Die Seile müssen mindestens 2,4 Meter lang sein.

Dies ist ein sehr anschauliches Beispiel. Es ist aber auch auf andere Bereiche übertragbar. Bei einem Badminton-Netz ist es nicht so ausschlaggebend, ob das Seil nun etwas zu kurz ist oder nicht. Es kann durchaus sein, dass es auch dann hält wenn es etwas zu kurz geraten ist. Aber stellen Sie sich nun einmal vor, ein Brückenpfeiler soll durch Stahlseile gestützt werden. Da kann ein kleiner Rechenfehler tödlich enden! Und was ist die Lehre daraus? Mathematik kann sogar Leben retten, wer hätte das gedacht!

Weitere Fragen, die dank Pythagoras beantwortet werden können:

1. Angenommen, Thomas und Karin lassen einen Drachen steigen. Sie stehen 160 m voneinander entfernt und die Drachenschnur ist 200 m lang. Karin steht direkt unter dem Drachen. Sie möchte gerne wissen, in welcher Höhe der Drachen aktuell fliegt?
2. Wie weit kann an einem 200 m hohen Gebäude in die Ferne gesehen werden? Die Erde ist für das Beispiel eine kleine Kugel und für die Berechnung wird ein Erdradius von 7300 km angenommen.
3. Ein Bambusstab von der Länge 8m wird irgendwo abgeknickt. Das Ende erreicht den Boden in einer Entfernung von 4m vom Fuß des Stängels. Wo wurde der Stab geknickt?
4. Der Bauer Sharp-el-Shik hat in Ägypten ein rechteckiges Grundstück mit einer Fläche von 4x5 km². Nach der Regenzeit kann er sein Grundstück nicht mehr gebrauchen, weil es total überflutet ist. Er beschließt, sich ein freies Grundstück zu kaufen, das aber im Gegenteil zu seinem jetzigen nicht mehr rechteckig sondern quadratisch, aber die gleiche Fläche wie das alte haben soll. Wie lang sollen die Seiten des neuen Grundstückes sein?
5. Zwei Freunde beschließen, eine Wandertour zu einem Turm zu machen. Sie machen auf dem Hinweg einen Umweg, um vorher noch in einem See baden gehen zu können. Der See ist 500m von ihrem Startpunkt entfernt. Vom See aus können sie den Turm in einem rechten Winkel zu ihrem Startpunkt sehen. Auf dem Rückweg vom Turm können sie 100m vor ihrem Start- und Zielpunkt den See in einem rechten Winkel zum Startpunkt sehen. Wie weit ist der direkte Weg vom Startpunkt zum Turm?

All dies sind nur einige wenige Beispiele, die durchaus in dieser oder ähnlicher Form immer wieder vorkommen und deren Beantwortung mit Hilfe von Pythagoras möglich ist.

1.5 Beweismöglichkeiten des Satzes von Pythagoras

Für den pythagoreischen Satz gibt es unterschiedliche Beweismöglichkeiten. Die Varianten der verschiedenen „Beweistypen" sind durch die Hilfsmittel gekennzeichnet, die hierfür herangezogen werden. Im Anschluss werden folgende Hilfsmittel verwendet:

- Prinzip der Zerlegungsgleichheit
- Prinzip der Ergänzungsgleichheit
- Heranziehung von rein algebraischen Operationen und Umformungen („arithmetische Beweise")

Diese Beweismöglichkeiten sind subjektiv ausgewählt, da sie im Auge des Buchautors am anschaulichsten erklärt werden können und ganz besonders die Schönheit der Mathematik an sich widerspiegeln.

1.5.1 Beweis durch Umfüllen einer Flüssigkeit

Nachfolgend soll ein Auszug aus der Festrede von Prof. Dr. Hermann Maurer (Technische Universität Graz, Österreich) vom 1. März 2005 gegeben werden, der diesen Beweis besonders deutlich beschreibt:

Pythagoras und Flüssigkeit: Beginn

... Ich bin promovierter Mathematiker und es könnte eigentlich erwartet werden, dass ich den pythagoreischen Lehrsatz verstanden habe, irgendwann mit dreizehn oder vierzehn Jahren. Ich muss gestehen, ich habe ihn so richtig erst verstanden mit 45. Da bin ich in das Exploratorium in San Francisco hineingegangen und dort steht ein großer Quader. Auf den vier Seiten dieses Quaders wird der pythagoreische Lehrsatz anhand eines Beispiels erläutert. Auf der ersten Seite die ersichtlich ist, steht ein rechtwinkeliges Dreieck. Über den Seiten dieses Dreiecks sind Quadrate aus Glas – Glasbehälter, die in Wirklichkeit in quadratischer Form sind – aufgebaut. Im Normalzustand ist der größte von diesen Behältern, der sich über der Hypotenuse befin-

det, mit einer roten Flüssigkeit gefüllt. Nun kann ein Besucher zum Beispiel hingehen und kann dieses Objekt drehen. Dann fließt diese rote Flüssigkeit aus dem großen Quadrat in die zwei kleineren Kathetenquadrate hinüber und füllt sie genau, d.h. es wird $c^2 = a^2 + b^2$ *dargestellt! (...) Ich bin zur zweiten Seite des Quaders gegangen: dasselbe rechtwinkelige Dreieck, aber diesmal waren über den Seiten des Dreiecks aus Glasgefäßen nicht Quadrate aufgebaut, sondern Halbkreise. Der große Halbkreis war mit roter Flüssigkeit gefüllt, ich habe das drehen können und er hat natürlich genau die zwei kleinen Halbkreise gefüllt. Zu diesem Zeitpunkt hat es das erste Mal bei mir geklickt und die beiden anderen Seiten des Quaders haben mich nicht mehr besonders überrascht: immer dasselbe rechtwinkelige Dreieck, bei der dritten Seite waren es dann gleichseitige Dreiecke aus Glas und auf der vierten Seite waren es Christbäume, die über den Seiten gestanden sind. Natürlich war auf einmal für mich klar, was vorher nicht so klar für mich gewesen war: bei* $c^2 = a^2 + b^2$ *kommt es natürlich nicht darauf an, dass es um Quadrate als Form geht.*

Pythagoras und Flüssigkeit: Ende

1.5.2   Zerlegungsbeweise

Alle Zerlegungsbeweise beruhen gemeinsam auf dem Prinzip der Zerlegungsgleichheit. Dieses besagt, dass zwei ebene Figuren genau dann flächeninhaltsgleich sind, wenn sie zerlegungsgleich sind. Anders formuliert: wenn sie sich in paarweise kongruente Teilfiguren zerlegen lassen sind zwei ebene Figuren zerlegungsgleich. In der räumlichen Geometrie gilt ein entsprechender Satz nicht, denn zerlegungsgleiche Körper besitzen zwar stets denselben Rauminhalt, aber umgekehrt müssen volumengleiche Körper nicht gleichzeitig zerlegungsgleich sein.

Bei Zerlegungen ausschließlich mit Dreiecken kann gezeigt werden, dass es nicht möglich ist diese durchzuführen, wenn weniger als sieben Dreiecke verwendet werden. Der Zerlegungsbeweis von Göpel kann hinsichtlich der Anzahl der erforderlichen Dreiecke als optimal bezeichnet werden – er soll gegen Ende dieses Kapitels gebührend Beachtung gewinnen.

Zerlegungsbeweis nach Epstein

Paul Epstein lebte von 1871 bis 1939 und war Mathematikprofessor in Frankfurt. Seine bedeutendste Arbeit ist die heute so benannte Epsteinsche Zetafunktion. Als nach 1933 die

Drangsalierung der Juden immer stärker wurde, war er bereits zu krank und zu alt, um sich noch eine neue Existenz außerhalb Deutschlands aufzubauen. Er verstarb am 13.8.1939 an einer tödlichen Dosis Veronal, nachdem er eine Vorladung der Gestapo erhalten hatte.

Folgendes Zitat von Paul Epstein soll an dieser Stelle gebührend erwähnt sein:

> *„Die Mehrheit bringt der Mathematik Gefühle entgegen, wie sie nach Aristoteles durch die Tragödie geweckt werden sollen, nämlich Furcht und Mitleid. Mitleid mit denen, die sich mit der Mathematik plagen müssen, und Furcht, einmal selbst in diese gefährliche Lage geraten zu können. "*

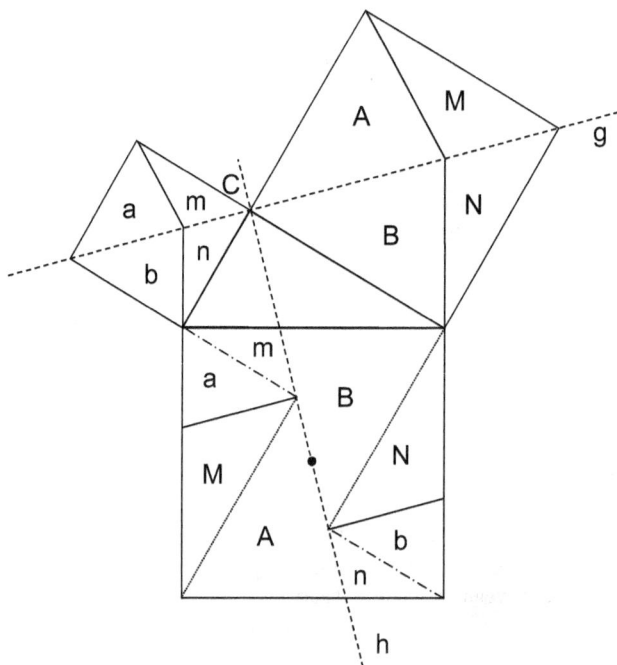

Zerlegungsbeweis nach Epstein

Der Zerlegungsbeweis nach Epstein aus dem Jahre 1906 nimmt sich zu Hilfe, dass die der Ecke C in den Kathetenquadraten gegenüberliegenden Ecken mit C auf einer Geraden g liegen. Zusätzlich verläuft die Lotgerade h durch g (die Lotgerade h steht senkrecht auf g) durch C durch den Mittelpunkt des Hypotenusenquadrats und halbiert dieses somit. Außerdem hat der Beweis den Vorzug, dass lediglich Dreiecke verwendet werden. Besonders beachtenswert ist die Symmetrie der Zerlegungen: Die Zerlegung der Kathetenquadrate ist achsensymmetrisch bezüglich der Geraden g (gespiegelt entlang der Geraden g), und die

Zerlegung des Hypotenusenquadrats ist punktsymmetrisch bezüglich des Quadratmittelpunkts (d.h. es liegt eine Drehung um 180° vor).

Zerlegungsbeweis nach Gutheil

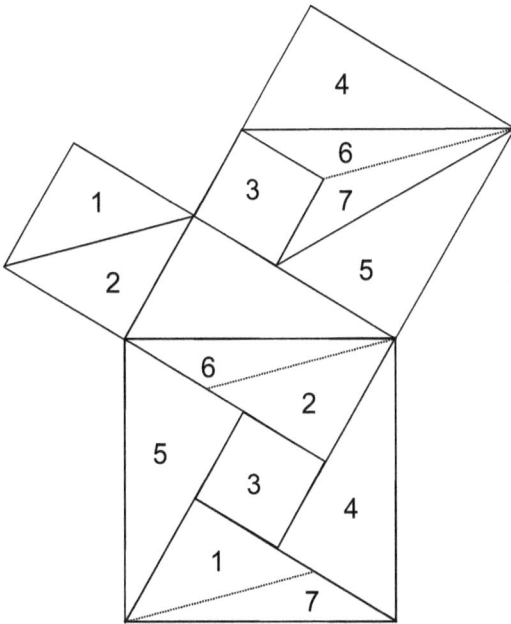

Zerlegungsbeweis nach Gutheil

Der Zerlegungsbeweis nach Gutheil zeichnet sich besonders durch die übersichtliche und symmetrische Anordnung der Teilstücke aus.

Zerlegungsbeweis nach Nielsen

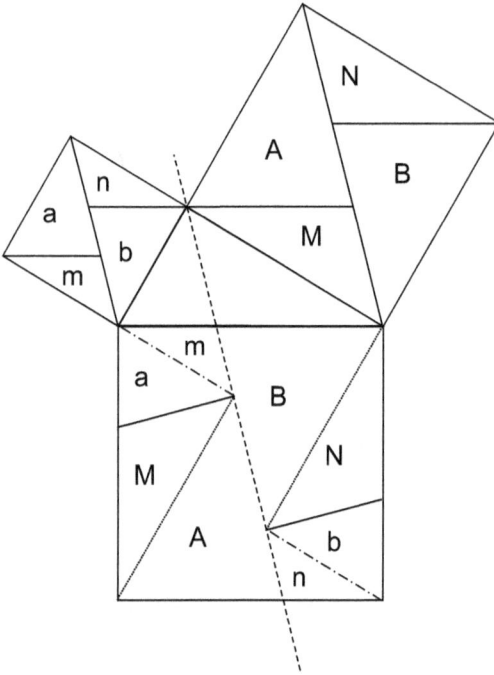

Zerlegungsbeweis nach Nielsen

Der Zerlegungsbeweis von Nielsen entstammet aus einer Variante des Beweises von Epstein und wurde etwa 1908/1909 gefunden. Erneut werden bei der Zerlegung nur Dreiecke verwendet. In diesem Beweis ist jedoch jede Quadratzerlegung punktsymmetrisch bezüglich des betreffenden Quadratmittelpunkts.

Ein weiterer Zerlegungsbeweis ist der folgende:

Es wird mit zwei Quadraten mit den Seitenlängen a und b begonnen, die Quadrate liegen nebeneinander. Der Flächeninhalt der beiden Quadrate beträgt $a^2 + b^2$.

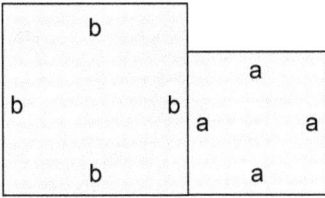

Stuhl der Braut: zwei Quadrate

Diese Konstruktion beginnt nicht mit einem Dreieck, es werden nun aber zwei dazugezeichnet, und zwar beide mit den Seiten a und b und der Hypotenuse c. Zu beachten ist dabei, dass die Verbindungslinie zwischen den Quadraten entfernt wurde. An diesem Punkt entstehen damit zwei Dreiecke und eine merkwürdige Figur (die nachfolgend schraffiert dargestellt wurde).

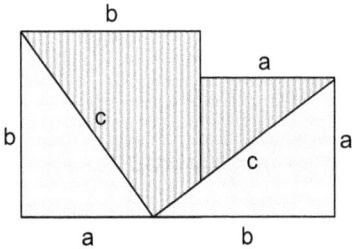

Stuhl der Braut: eine ungewöhnliche Figur

In einem letzten Schritt werden die beiden Dreiecke vertauscht und an die merkwürdige Figur angelegt. Eine neue Figur entsteht – und ergibt ein Quadrat mit der Seite c und der Fläche c^2!

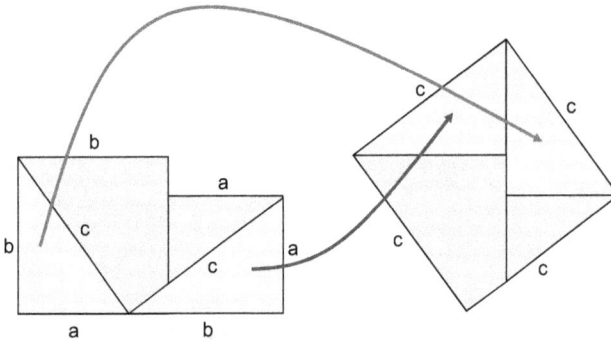

Stuhl der Braut: der Zerlegungsbeweis

Der hier vorgestellte Zerlegungsbeweis geht von einer anderen Lage der Kathetenquadrate aus: Sie werden nun stufenförmig nebeneinander gestellt, wodurch eine Figur entsteht, die bereits im 9. Jahrhundert vor Christus bei den Indern als „Stuhl der Braut" bekannt war. Die Zerlegung lässt erkennen, dass dieser Beweis im Wesentlichen ident ist mit dem Zerlegungsbeweis nach Göpel.

1.5.3   Ergänzungsbeweise und arithmetische Beweise

Es werden zwei ebene Flächen dann als ergänzungsgleich bezeichnet, wenn sie durch paarweise kongruente Figuren so ergänzt werden können, dass die beiden neuen Flächen zerlegungsgleich sind. Daraus lässt sich die Schlussfolgerung ableiten, dass ergänzungsgleiche Flächen denselben Flächeninhalt besitzen.

Einer der bekanntesten Beweise ist der altindische Ergänzungsbeweis. Hier wird das Hypotenusenquadrat bzw. die beiden Kathetenquadrate durch vier zum Ausgangsdreieck kongruente Dreiecke zu zwei Quadraten der Seitenlänge a + b ergänzt.

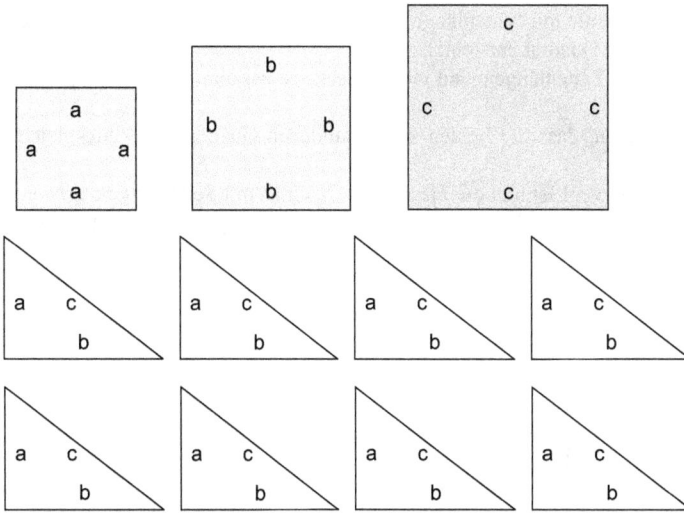

Altindischer Ergänzungsbeweis: Material

Es ist eines der Dreiecke so an die drei Quadrate anzuordnen, dass gleich lange Seiten aneinander liegen! Wie ersichtlich wird, stimmt die Seitenlänge eines Quadrates jeweils mit einer der Dreiecksseiten überein.

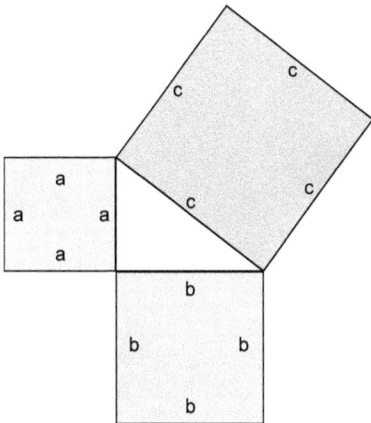

Altindischer Ergänzungsbeweis: Satz des Pythagoras

Hierzu nun folgende Aufgaben- und Fragestellung:

1. Legen Sie die beiden Quadrate mit Seitenlänge a und Seitenlänge b und vier Dreiecke so zusammen, dass ein großes Quadrat entsteht!
2. Legen Sie das Quadrat mit Seitenlänge c und vier Dreiecke so zusammen, dass ein großes Quadrat entsteht!
3. Überzeugen Sie sich davon, dass die beiden so entstandenen Quadrate deckungsgleich sind!
4. Nehmen Sie alle Dreiecke weg! Ist nun die Fläche des Quadrats mit Seitenlänge c größer, kleiner oder gleich den beiden Flächen der Quadrate mit Seitenlänge a bzw. Seitenlänge b?

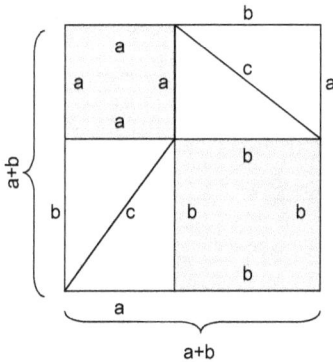

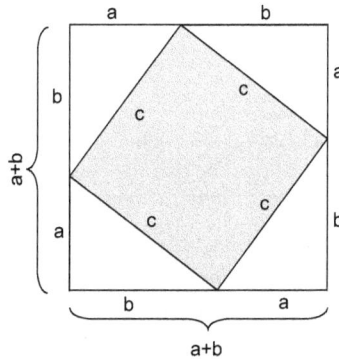

Altindischer Ergänzungsbeweis

Berechnungsbeweis:

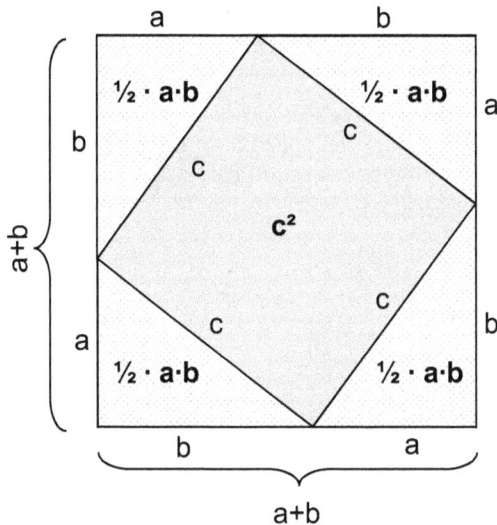

Altindischer Ergänzungsbeweis: Arithmetisch

$$(a+b)^2 = 4 \cdot \frac{1}{2} \cdot a \cdot b + c^2$$

$$a^2 + 2ab + b^2 = 2ab + c^2$$

$$a^2 + b^2 = c^2$$

Nun liegt es ja oft in der Natur der Menschen, dass sie recht gerne für alles mögliche eine Erklärung haben möchten – zum Beispiel auch dafür, wieso das innere Viereck der Zeichnung wirklich ein Quadrat ist. Hier folgt also für jene Personengruppe gerne die Begründung: Da alle vier Seiten aus der gleichen Dreiecksseite c bestehen, sind schon mal alle vier Seiten gleich lang. Und weil jeder Winkel dieses Vierecks $180° - (\alpha + \beta)$ groß ist, sind auch alle vier Winkel des Vierecks gleich groß (α bezeichnet hier den von den Dreiecksseiten b und c eingeschlossenen Winkel, β den zwischen a und c eingeschlossenen). Da die Summe aller Winkel in jedem Viereck 360° beträgt, muss bei vier genau gleich großen Winkeln jeder Winkel genau 90° betragen. Weil also alle Winkel 90° groß und alle vier Seiten gleich lang sind, muss das innere Viereck der Zeichnung also wirklich ein Quadrat sein.

Dies ist wohl der am meisten bekannteste, altindische Ergänzungsbeweis. Hier wird das Hypotenusenquadrat beziehungsweise die beiden Kathetenquadrate durch vier zum Ausgangsdreieck kongruente Dreiecke zu zwei Quadraten der Seitenlänge $a + b$ ergänzt.

Es kann jedoch auch von der gängigen Pythagoras-Figur ausgegangen und einige zum Ausgangsdreieck kongruente Dreiecke hinzugefügt werden, sodass in Folge zwei teilweise sich
überlappende Quadrate der Seitenlänge $a + b$ erhalten werden.

Wie aus der Figur weiters entnommen werden kann, lassen sich sowohl die Kathetenquadrate
als auch das Hypotenusenquadrat durch Anfügen von drei kongruenten Dreiecken zu zwei
kongruenten Fünfecken ergänzen. In der Figur haben diese beiden Fünfecke die Seite c des
Ausgangsdreiecks gemeinsam und gehen durch eine Halbdrehung um den Mittelpunkt der
Seite c ineinander über.

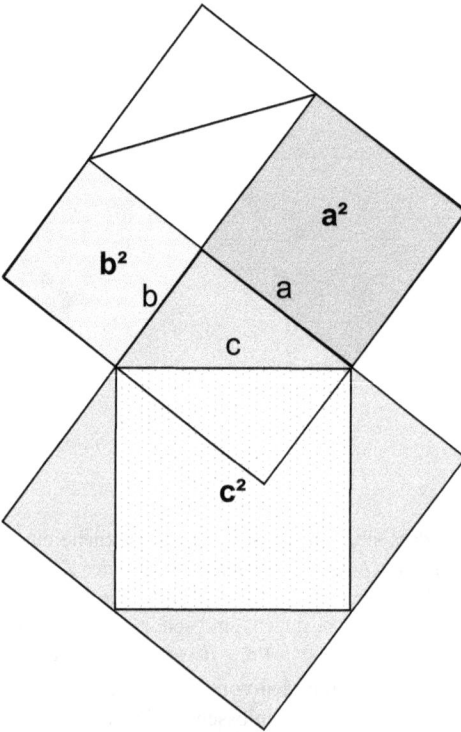

Altindischer Ergänzungsbeweis: Pythagoras-Figur

Als sehr spannend erweist sich ein Beweis des Satzes von Pythagoras, bei welchem vier
rechtwinkelige Dreiecke mit Seite b größer als a und ein Quadrat mit Seitenlänge gleich der
Differenz der beiden Katheten (also $b - a$) als Grundlage genommen werden.

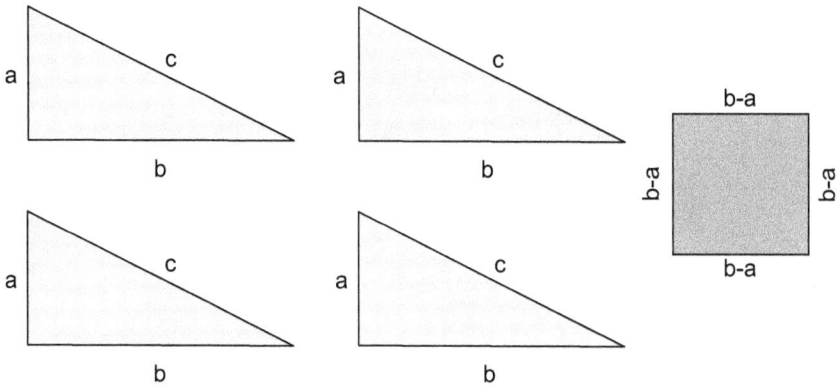

Altchinesischer Ergänzungsbeweis: Material

Die erste Möglichkeit ist, eine algebraische Formel – ein so genannter altchinesischer Ergänzungsbeweis – aufzustellen, wobei das folgende Quadrat als Hilfe dient:

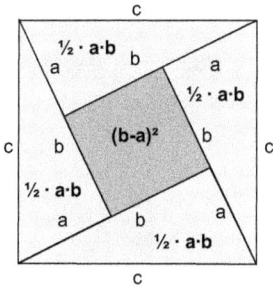

Altchinesischer Ergänzungsbeweis: Arithmetisch

$$c^2 = (b-a)^2 + 4 \cdot \frac{1}{2} + a \cdot b$$

$$c^2 = a^2 - 2ab + b^2 + 2ab$$

$$c^2 = a^2 + b^2$$

Die vier rechtwinkeligen Dreiecke und das Quadrat lassen sich aber auch in der folgenden Form zusammenlegen:

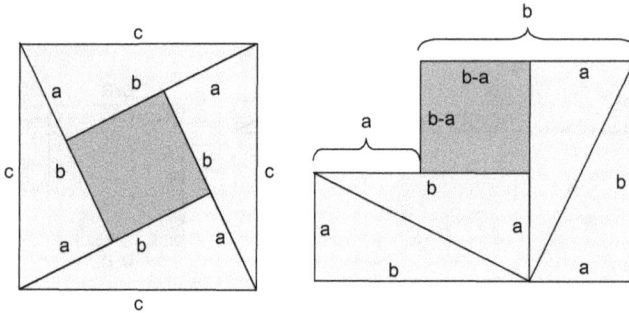

Altchinesischer Ergänzungsbeweis

Die Anordnung auf der linken Seite hat die Fläche c^2, die Anordnung auf der rechten Seite setzt sich aus zwei Quadraten zusammen. Ein Quadrat hat die Fläche a^2, das andere hat die Fläche b^2. Da jeweils die gleichen geometrischen Figuren verwendet wurden, müssen diese beiden Flächen gleich sein. Daher ist $c^2 = a^2 + b^2$!

1.5.4   Beweis durch „Parkettierung"

Dass sich eine Ebene mit regulären n-Ecken parkettieren lässt, dafür kennt wohl jeder mindestens ein Beispiel: die Auslegung eines Bodens mit quadratischen Fliesen (Q-Muster; wobei „Q" als Platzhalter für „Quadrat" steht):

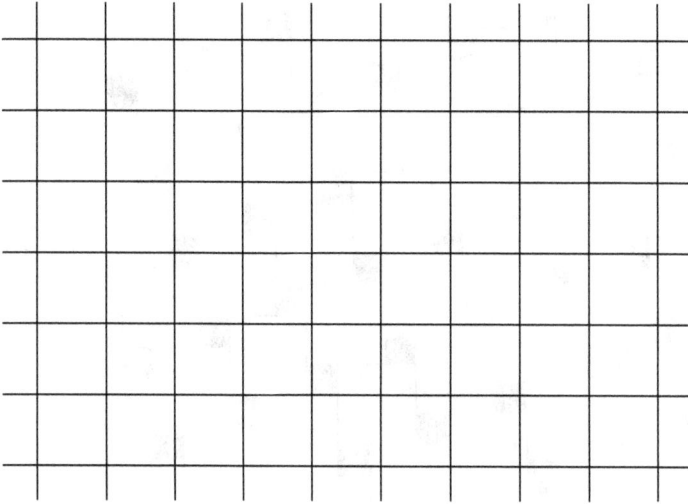

Parkettierung: Quadrat-Muster

Die Auslegung der Ebene mit Quadraten gehört vielleicht eher zu den „langweiligen" Mustern. Abwechslungsreicher wirkt hier schon die Parkettierung mit zwei unterschiedlichen Quadratgrößen (Groß-und-Klein-Muster, „guk-Muster"):

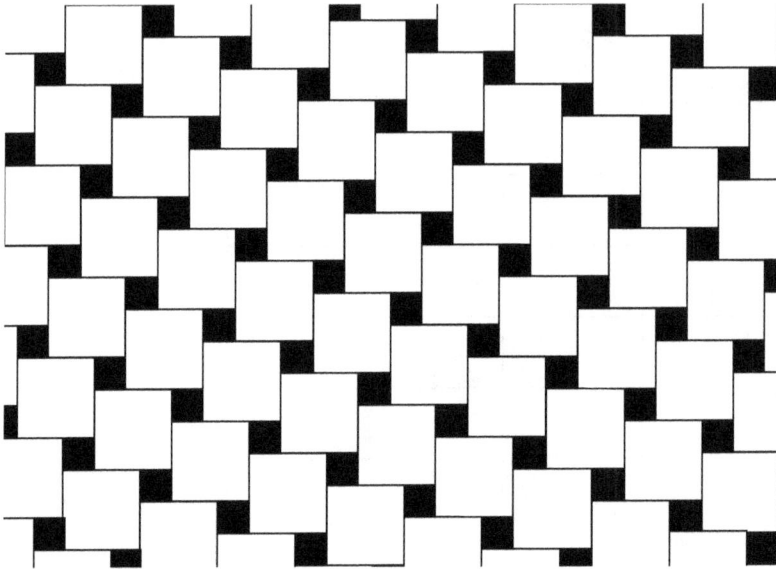

Parkettierung: Groß-und-Klein-Muster

Die Überlagerung der Parkettierungen führt zu interessanten Folgerungen, die nun vorgestellt werden sollen.

In einem ersten Schritt wird ein Q-Muster hergestellt, bei dem die Fläche eines Quadrates gerade so groß ist wie die beiden Flächen des guk-Musters zusammen. Für die Seitenlänge c des Q-Musters und die Seitenlängen a und b der beiden Quadrate des guk-Musters gilt daher: $a^2 + b^2 = c^2$. Werden nun beide Raster grafisch überlagert, führt dies zu zwei Puzzle-Beweisen des Satzes von Pythagoras:

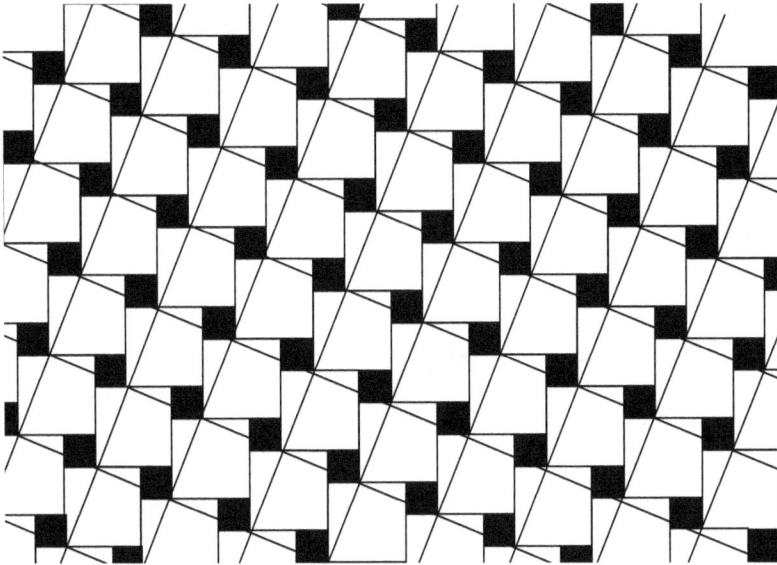

Parkettierung: Idee von Göpel

Hier ist zu erkennen, dass das Q-Muster (schräg gezeichnet) im guk-Muster fünf Flächenstü-
cke abtrennt – ein Viereck und vier rechtwinkelige Dreiecke. Dies bedeutet, dass sich das
Hypotenusenquadrat zusammensetzen lässt durch fünf Puzzlestücke, die beiden Kathetenquadrate durch zwei bzw. drei Puzzlestücke. Es ist in diesem Muster beinahe eine Pythago-
ras-Satz-Figur enthalten: Stellen Sie sich das kleinere Kathetenquadrat nach rechts verschoben vor – die entstandene Zerlegung entspricht der Idee von Göpel (Zerlegungsbeweis nach
Göpel).

Gustav Adolph Göpel (geboren am 29. September 1812 in Rostock; gestorben 7. Juni 1847
in Berlin) war ein deutscher Mathematiker, der im Wesentlichen durch eine einzige posthum
veröffentlichte Arbeit über elliptische Funktionen bekannt wurde.

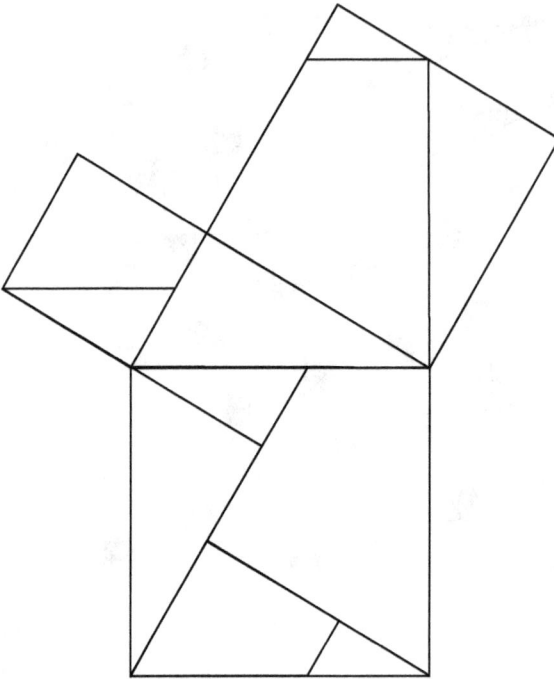

Zerlegungsbeweis nach Göpel

Beim Zerlegungsbeweis nach Göpel sind 5 Teilfiguren ausreichend. Die Zerlegungsgeraden für die Kathetenquadrate verlaufen hierbei senkrecht beziehungsweise parallel zur Hypothese.

Es können beide Quadratraster aber auch so übereinander gelegt werden, dass das kleine Quadrat vollständig innerhalb eines Quadrates des Q-Musters liegt:

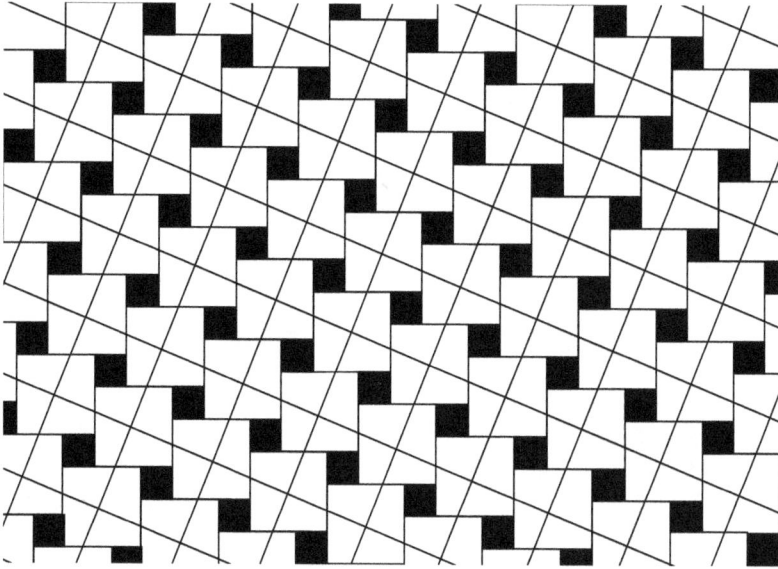

Parkettierung: Idee von Perigal

Die so entstehenden fünf Puzzlestücke ergeben genau die Parkettierung des Hypotenusen-quadrates, wie sie im Perigalschen Zerlegungsbeweis des Satzes von Pythagoras vorgeschlagen wird. Das kleinere Kathetenquadrat wird unzerlegt als Puzzlestück für die Parkettierung des Hypotenusenquadrats verwendet, das größere Kathetenquadrat wird in vier – im symmetrischen Fall gleich große – Vierecke zerlegt.

Das Q-Muster kann auch parallel zu den Quadratseiten verschoben werden: Solange sich die kleinen Quadrate des guk-Musters innerhalb der Quadrate des Q-Musters befinden, ergibt sich eine Zerlegung im Sinne Perigals (Zerlegungsbeweis nach Perigal).

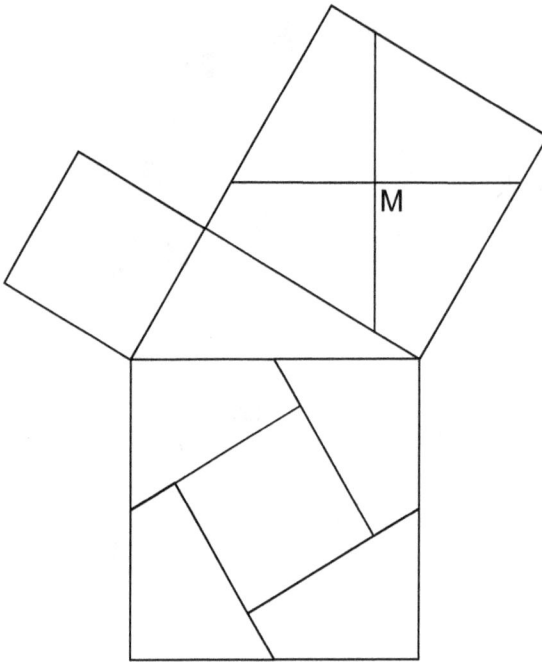

Zerlegungsbeweis nach Perigal

Die Zerlegung nach Perigal wird auch Schaufelrad-Beweis genannt. Dabei wird das große Kathetenquadrat durch eine Parallele und eine Lotgerade (Senkrechte) zur Hypothese durch den Quadratmittelpunkt M zerlegt.

Henry Perigal (geboren am 1. April 1801, gestorben im Juni 1898) war Hobbymathematiker. Seine bedeutendste Arbeit ist der Zerlegungsbeweis des Pythagoreischen Lehrsatzes, dessen Erklärung er sich sogar auf seinem Grabstein eingravieren ließ. Außerdem entdeckte er eine Vielzahl anderer interessanter geometrischer Beweise. Henry Perigal war in der Fachwelt sehr geachtet und Mitglied zahlreicher wissenschaftlicher Gesellschaften.

Abschließend werden zwei zusammengehörige Parketts gezeigt. Bei genauer Analyse wird sicherlich schnell entdeckt, dass anhand dieser der altindische Ergänzungsbeweis abgelesen werden kann:

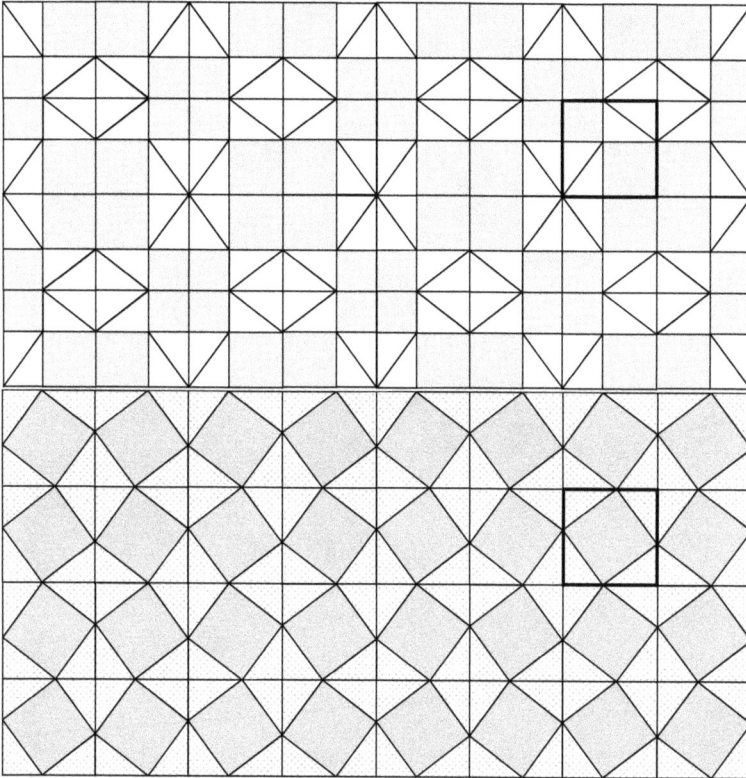

Parkettierung: Altindischer Ergänzungsbeweis

Das Kapitel eins hat sehr anschaulich gezeigt, wie vielfältig der Satz des Pythagoras gezeigt werden kann. Vieles daran kann direkt umgesetzt werden und führt weg von reinem Theorie-hin zum Wissen aus der Praxis.

2 Tangram, Pythagoras und Co

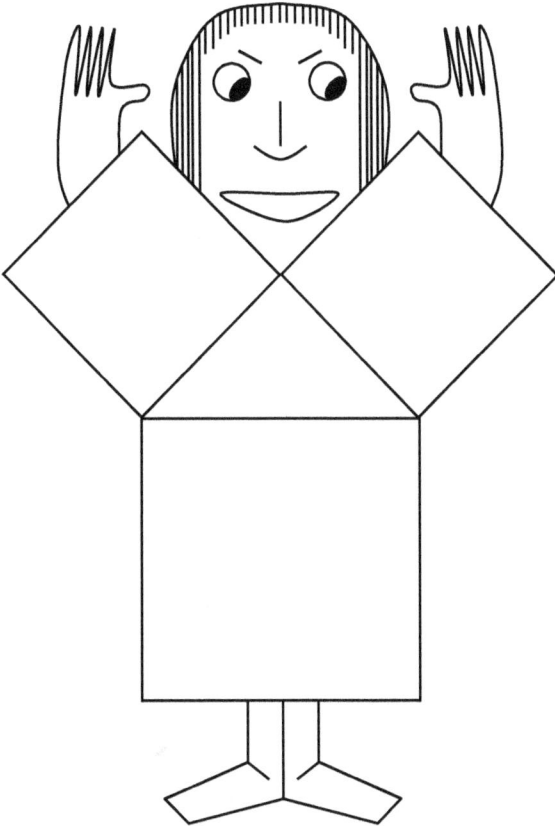

Aus dem Zerlegungssatz nach Dobriner (Zerlegungsbeweis nach Dobriner) kann direkt der Kathetensatz bewiesen werden, der im Folgenden formuliert wird.

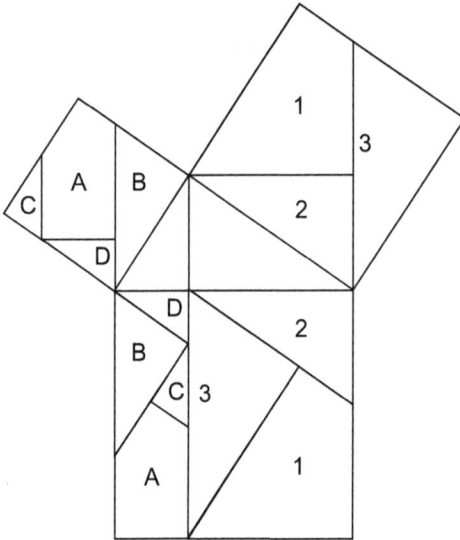

Zerlegungsbeweis nach Dobriner

2.1   Der Kathetensatz (auch Satz des Euklid genannt)

Bei jedem rechtwinkligen Dreieck besitzt ein Kathetenquadrat denselben Flächeninhalt wie das Rechteck aus der Hypotenuse und dem zur betreffenden Kathete gehörenden Hypotenusenabschnitt.

$$a^2 = c \cdot p \quad \text{und} \quad b^2 = c \cdot q$$

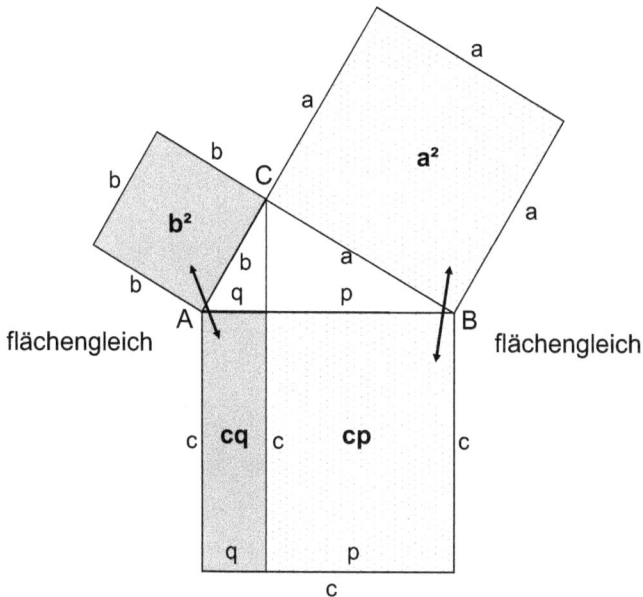

Der Kathetensatz

Der Kathetensatz $a^2 = cp$ kann durch die Zerlegung mit den Ziffern 1, 2, 3 und der Kathetensatz $b^2 = cq$ mit den Buchstaben A, B, C, D des Zerlegungssatz von Dobriner bewiesen werden.

Ein Ergänzungsbeweis für den Kathetensatz

Dazu wird ein Quadrat mit der Seitenlänge b benötigt, weiters ein Rechteck mit den Seiten c und q, und schließlich zwei rechtwinkelige Dreiecke mit den Katheten a und b mit der Hypotenuse c und dem daraus resultierenden rechtwinkeligen Dreieck mit den Katheten q und h und der Hypotenuse b.

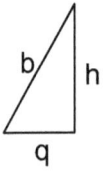

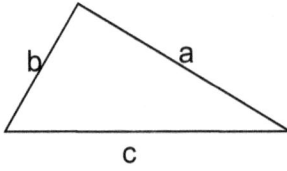

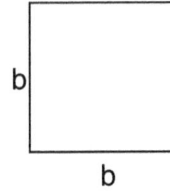

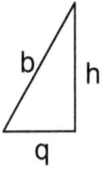

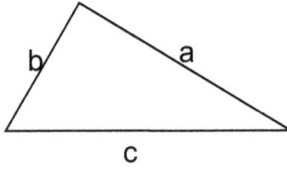

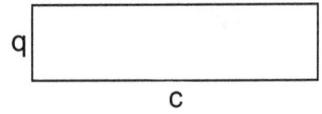

Ergänzungsbeweis Kathetensatz: Material

Die oberen drei Teile und die unteren drei Teile werden nun zusammengelegt, um nachfolgendes Ergebnis zu erhalten:

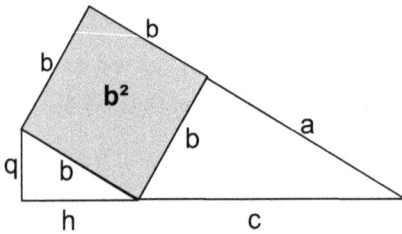

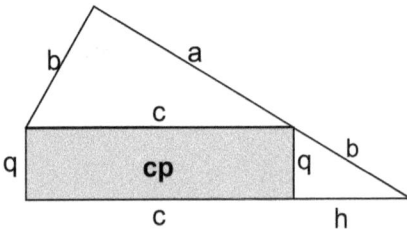

Ergänzungsbeweis Kathetensatz

2.2 Der Höhensatz

Bei jedem rechtwinkeligen Dreieck besitzt das Quadrat über der Höhe denselben Flächeninhalt wie das Rechteck aus den beiden Hypotenusenabschnitten.

$$h^2 = p \cdot q$$

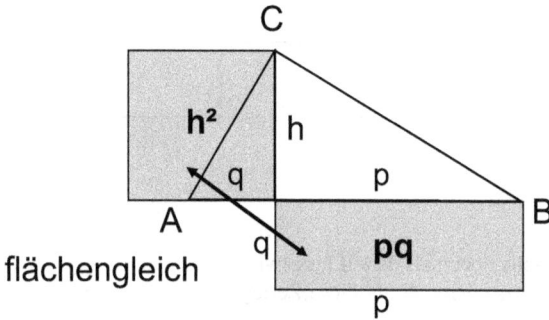

Der Höhensatz

Ein Zerlegungsbeweis für den Höhensatz:

Aus der Flächeninhaltsgleichheit von Höhenquadrat und Hypotenusenabschnittsrechteck folgt wegen des Prinzips der Zerlegungsgleichheit, dass beide Flächen zerlegungsgleich sein müssen. Dennoch scheint es nicht einfach zu sein, eine solche allgemeingültige Zerlegung explizit anzugeben. Trotz intensiver Literaturrecherche konnte von mir kein einziger Zerlegungsbeweis für den Höhensatz gefunden werden! Jedoch soll der Höhensatz nun dennoch anhand des Falles $a : b = 3 : 2$ als Zerlegungsbeweis gezeigt werden:

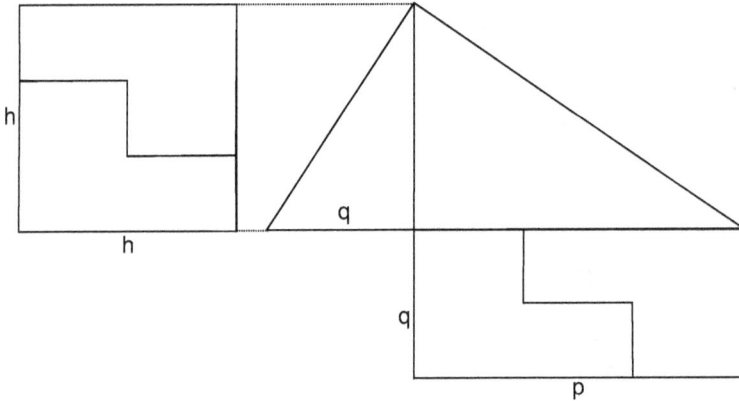

Zerlegungsbeweis für den Höhensatz: Spezialfall

Selbstverständlich soll an dieser Stelle nochmals darauf hingewiesen werden, dass dies keine „Beweisfigur" für den Höhensatz darstellen soll, da diese Zerlegung nicht auf andere Fälle übertragbar ist.

Ein Ergänzungsbeweis für den Höhensatz:

Es werden Dreiecke aus einem rechtwinkeligen Dreieck mit Höhe h genommen, und zwar jeweils die zwei, die sich durch die Trennung mit der Höhe ergeben. Dazu wird noch ein Quadrat mit Seite h und ein Rechteck mit den Seiten q und p benötigt.

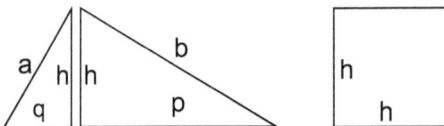

Ergänzungsbeweis für den Höhensatz: Material

Nun werden jeweils die oberen und unteren geometrischen Figuren zu einem rechtwinkeligen Dreieck zusammengelegt bzw. wird zum einen das Höhenquadrat und zum anderen das

Rechteck aus den Hypotenusenabschnitten zu zwei kongruenten rechtwinkeligen Dreiecken ergänzt:

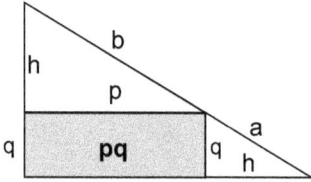

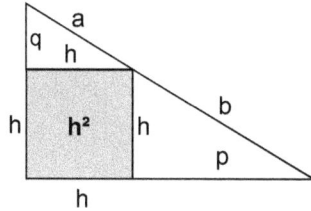

Ergänzungsbeweis für den Höhensatz

Da die beiden durch Ergänzung entstandenen Figuren deckungsgleich sind, müssen die ergänzten Figuren flächeninhaltsgleich sein.

Daher kann für das Höhenquadrat und das Rechteck aus den Hypotenusenabschnitten folgendes geschrieben werden: $h^2 = p \cdot q$.

Der Höhensatz kann jedoch auch mittels des pythagoreischen Lehrsatzes und des Kathetensatzes bewiesen werden, wie hier nun gezeigt wird:

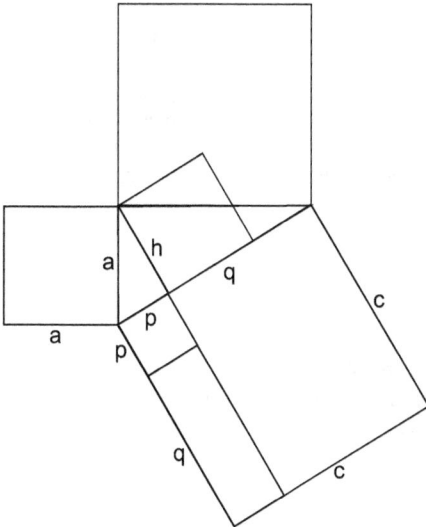

Höhensatz: Beweisfigur

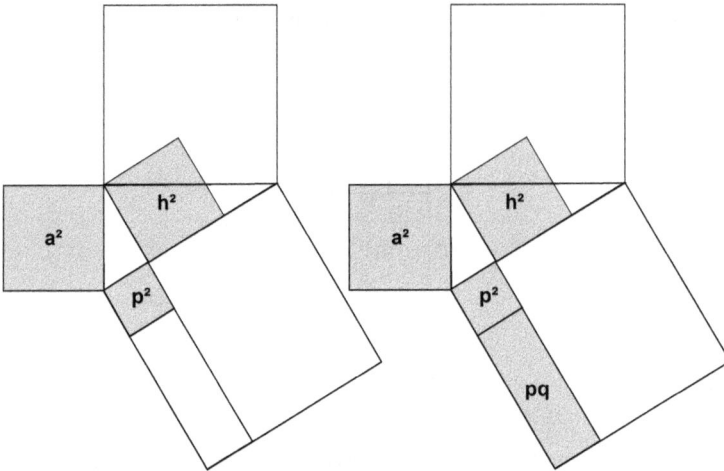

Höhensatz: Beweis unter Verwendung des Kathetensatzes und des Satzes von Pythagoras

Nach dem Satz des Pythagoras gilt: $a^2 = p^2 + h^2$. Der Kathetensatz liefert jedoch auch folgende Identität $a^2 = pc$. Aus der rechten Abbildung ist ersichtlich, dass sich pc zerteilt in die beiden Flächen p^2 und pq. Daher ergibt sich $pc = p^2 + pq$. Zusammen ergibt dies: $a^2 = pc = p^2 + pq$ auf der einen Seite und $a^2 = p^2 + h^2$ auf der anderen Seite, daher ist $h^2 = pq$.

Daraus leitet sich nun die allgemeine Frage ab, wie denn der Satz des Pythagoras, der Kathetensatz und der Höhensatz miteinander zusammenhängen? Es konnte festgestellt werden, dass der Höhensatz aus dem Satz des Pythagoras und dem Kathetensatz abgeleitet werden kann. Im Folgenden werden die gegenseitigen logischen Abhängigkeiten aufgelistet:

- Aus dem Satz des Pythagoras folgt der Kathetensatz und umgekehrt.
- Aus dem Satz des Pythagoras folgt der Höhensatz.
- Aus dem Höhensatz und den Thalessatz folgt der Satz des Pythagoras.
- Aus dem Kathetensatz folgt der Höhensatz.
- Aus dem Höhensatz und den Thalessatz folgt der Kathetensatz.

Der Thalessatz beweist seinerseits, dass sich ein rechter Winkel ergibt, wenn beliebige Punkte eines Halbkreises mit den Endpunkten des Durchmessers verbunden werden. Die kürzeste Formulierung für diesen Satz heißt, dass alle Winkel an einem Halbkreisbogen rechte Winkel sind. Die exakte Formulierung des Thalessatzes lautet wie folgt: Wird ein Dreieck aus den beiden Endpunkten des Durchmessers eines Halbkreises (dem Thaleskreis) und einem weiteren Punkt dieses Kreises konstruiert, dann entsteht daraus stets ein rechtwinkeliges Dreieck.

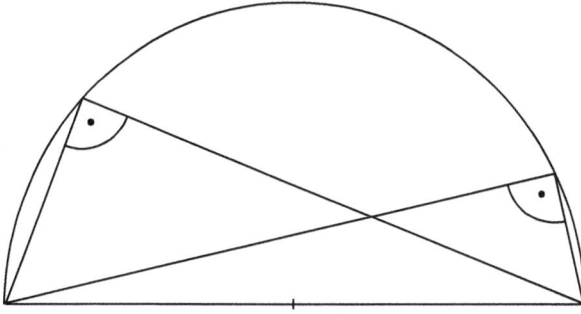

Der Thalessatz

Zusammenfassend kann festgehalten werden: Die Entdeckungen der ersten griechischen Mathematiker, wie beispielsweise Thales oder Pythagoras, sind nicht die Entdeckung der Mathematik an sich, sondern vielmehr ihre Systematisierung und exakte Begründung. Diese Mathematiker haben aus einer vorher verwirrenden Fülle von Rechenvorschriften die Basis für eine exakte Wissenschaft gebildet.

2.3   Das Tangram des Pythagoras

Tangram ist ein populäres Legespiel, das Groß und Klein schon seit Generationen beschäftigt. Aus sieben Steinen, nämlich fünf Dreiecken, einem Quadrat und einem Parallelogramm, können verschiedenste Figuren gelegt werden. Dabei müssen immer alle Steine verwendet werden, die sich dabei zwar berühren müssen, sich aber nicht überlappen dürfen.

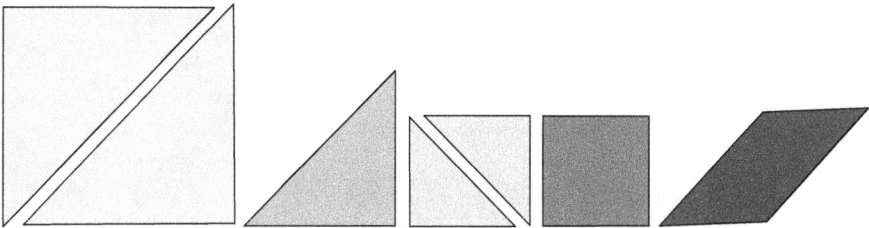

Die sieben Teile des Tangrams

Das Wort Tangram setzt sich zusammen aus den Worten „tang" und „gram". „Tang" wird von der Tang-Dynastie abgeleitet. Menschen aus dem Westen haben dieses Wort jedoch häufig mit „tan" ausgesprochen. „Gram" entspringt der gleichen Endung wie z.B. „Diagramm" (Geschriebenes, Gemaltes). Im Chinesischen wird Tangram „Quiauiaban" genannt. „Qi" bedeutet „sieben", „qiao" heißt soviel wie „geschickt" oder „schlau", „ban" kann mit „Plättchen" übersetzt werden. Somit kann die Bedeutung – sehr frei – mit „Siebenbrett" oder „Siebenschlau" übersetzt werden.

Nach dem Satz des Pythagoras gilt, dass die Fläche zweier Quadrate mit den Seitenlängen der Katheten eines rechtwinkeligen Dreiecks genauso groß ist, wie die Fläche eines Quadrates mit der Seitenlänge der Hypotenuse.

Wenn die Kathetenquadrate mit Tangramsteinen auslegt werden, gelingt es dann, mit eben diesen Steinen auch das Hypotenusenquadrat zu füllen? Und wenn ja, gilt dies dann für alle rechtwinkeligen Dreiecke oder nur für einige? (Zerlegungsbeweis mittels Tangram)

Beim Sonderfall eines gleichschenkeligen rechtwinkligen Dreiecks lässt sich diese Frage durch die Zerlegung der Kathetenquadrate sofort lösen.

Bei einem gleichschenkeligen rechtwinkeligen Dreieck wird ein Kathetenquadrat durch eine Waagrechte und das andere durch eine Senkrechte halbiert. Die Teilflächen werden ausgeschnitten und zu einem Hypotenusenquadrat zusammengelegt.

Dies kann deutlich aus der folgenden Zerlegung erkannt werden:

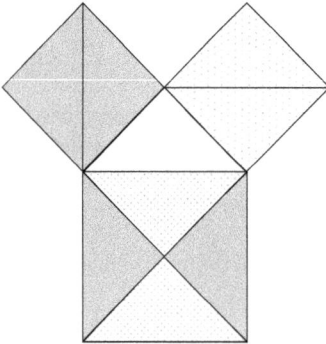

Zerlegungsbeweis des gleichschenkeligen, rechtwinkeligen Dreiecks

Diese Zerlegung ist auch mit Hilfe von Tangrams möglich:

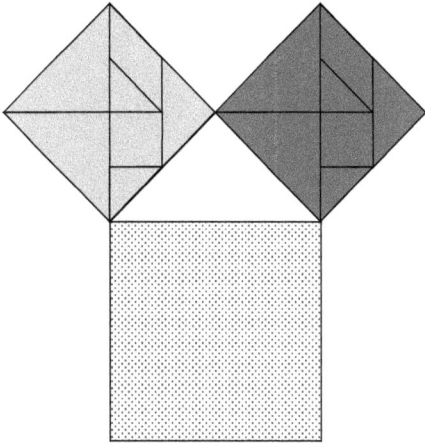

Zerlegungsbeweis des gleichschenkeligen, rechtwinkeligen Dreiecks mittels Tangram

Ein weiteres Dreieck ergibt sich, wenn die Längen der Katheten im Verhältnis 1:3 zueinander stehen.

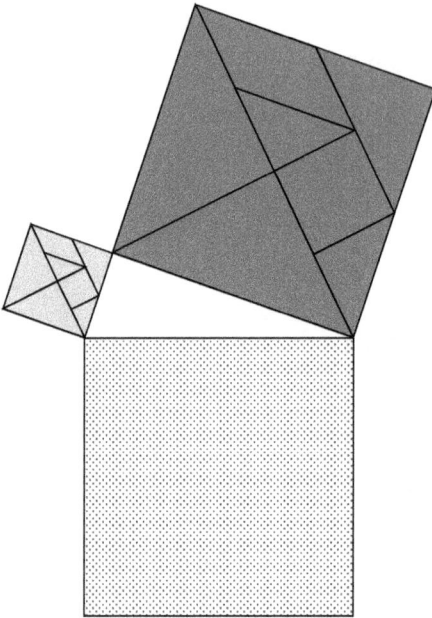

Zerlegungsbeweis mittels Tangram im Spezialfall

Es bleiben jedoch folgende Fragen offen:

• Gibt es weitere rechtwinkelige Dreiecke, bei denen dies gelingt?
• Gibt es algebraische Wege zur Lösung des Problems?

2.4   Tangram

Das Sieben-Teile-Puzzle oder Tangram, als das es allgemein im Westen bekannt ist, stammt ursprünglich aus China. Es handelt sich dabei aller Wahrscheinlichkeit nach um das „Chinesische Puzzle" – um den sprichwörtlichen Prototyp all dessen, was verwirrend und knifflig ist. Tangram gilt als sehr alt – was gut möglich sein kann, dennoch sollte Vorsicht geboten sein, allem Chinesischen ein übertrieben hohes Alter zuzuordnen. In einem Tangram-Buch, das im Jahr 1813 in China gedruckt worden ist, steht in einem der Werke im Vorwort: „… Der Ursprung des Sieben-Teile-Puzzles ist unbekannt." Dies würde bedeuten, dass das Puzzle bereits damals als alt galt, wobei das genaue Alter wiederum Anlass zu Vermutungen gibt. Ungeachtet dessen lässt sich keine Stelle oder Beweis finden, in dem ein früherer Beginn als das 19. Jahrhundert mit Tangram in Verbindung gebracht wird.

Dieses Puzzle befasst sich mit dem Zusammenfügen geometrischer Formen. Obwohl das Tangram nur aus sieben Teilen besteht, liegt sein Charme in der außergewöhnlichen Vielfalt der Möglichkeiten, zu denen sich diese Teile zusammensetzen lassen.

Die sieben Teile des Tangrams können aus einem einzigen Quadrat ausgeschnitten werden.

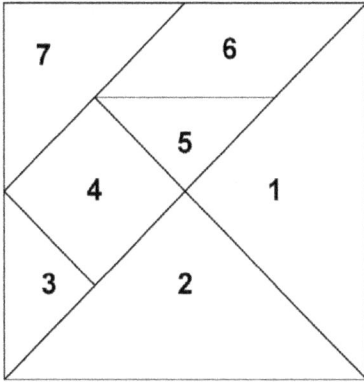

Tangram und Quadrat

Es ergeben sich zwei kleine Dreiecke (3 und 5), ein mittelgroßes Dreieck (7), zwei große Dreiecke (1 und 2) und zusätzlich ein Quadrat (4) sowie ein Parallelogramm (6).

Nachfolgend wird gezeigt, wie ein Tangram nur durch das Falten und Schneiden eines Blattes Papier (z.B. A4-Format) erstellt werden kann.

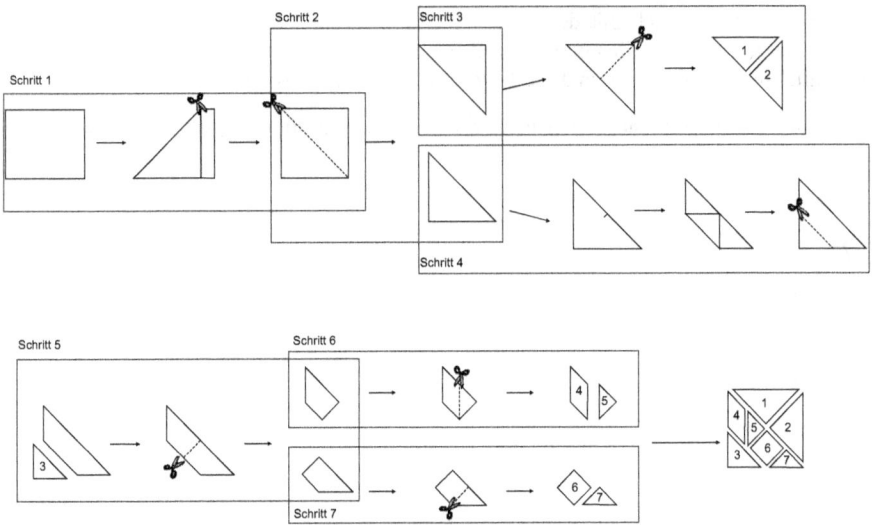

Erstellung des Tangrams ohne Schreibmaterial

Wie bereits erwähnt, besteht ein Tangram-Spiel aus 7 Steinen. Alle sieben Tangram-Steine bestehen aus kleinen Halbquadraten der folgenden Form:

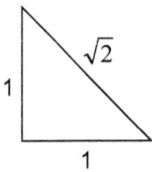

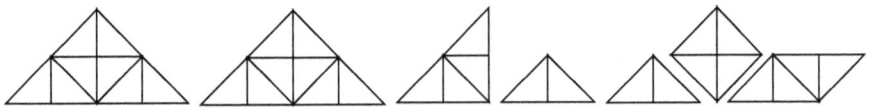

Tangramsteine und Halbquadrate

Das sind zusammen 32 Halbquadrate oder 16 Quadrate.

16 Quadrate bilden ein großes 4x4-Quadrat. Und dies ist gleich das Grundproblem der „Tangram-Forschung", ein Quadrat aus allen sieben Steinen zu legen.

Anmerkung:

Auch der kleinste Tangramstein (kleines Dreieck) kann als Grunddreieck angenommen werden. Wird das halbe Dreieck als Grundelement verwendet, dann hat das Quadrat aus den
sieben Tangramsteinen die einfache Länge 4.

Grunddreieck auf dieser Seite:	
Andere Möglichkeit:	

Das Grunddreieck des Tangrams

Der Unterschied besteht darin, dass rationale und irrationale Seitenlängen vertauscht worden
sind.

Figuren legen

1. Problem: Neue Figuren legen

Es können als eine Variante des Legespiels neue Figuren erfunden werden. Wichtig ist, dass
die Figuren so beschaffen sein sollten, dass bereits auf dem ersten Blick erkannt werden
muss, was sie darstellen sollen. Es gibt Tausende von Möglichkeiten, die bereits mit den
Steinen gelegt worden sind.

2. Problem: Auslegen von gegebenen Silhouetten

Als nicht minder einfache Variante ist das Versuchen des Nachlegens von Tangramfiguren
aus bestehenden Vorgaben zu sehen. Es bestehen beispielsweise folgende Formen / Aufga-
benstellungen:

Tiere:

Hase, Vogel und Kamel

Katze und Hund

unterschiedliche Portraits:

Menschenkopf-Varianten

Menschen:

Indianerhäuptling und Tänzer

Boote:

Haus- und Segelboot

und andere Gegenstände:

Haus, Rakete und Teekanne

Sogar „Schachfiguren" können mittels Tangram dargestellt werden: Bauer, Pferd, Turm, Läufer, Königin, König:

Tangram-Schachfiguren

Tangramfiguren zu legen, die von anderen erfunden wurden, ist nur der halbe Spaß, den dieses Puzzle bietet; ebenso viel Unterhaltung (wenn nicht mehr) kann es wie gesagt bereiten, neue Umrisse zu erfinden. Doch bevor es soweit ist, sollen hier noch einige Lösungen der vorgestellten Figuren gegeben werden – sie können als „Anleitung" dienen, sich mit dem Puzzle vertraut zu machen, aber auch dazu, in weiterer Folge neue Figuren zu finden.

Schiff:

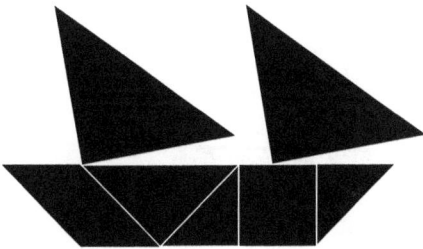

Tangramschiff: Lösung

Katze:

Tangramkatze: Lösung

Mann:

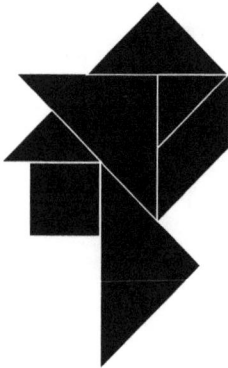

Tangram-Menschenkopf: Lösung

Teekanne:

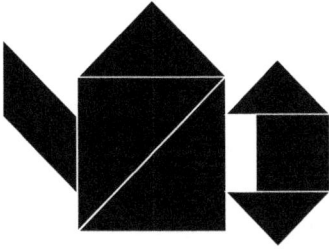

Tangram-Teekanne: Lösung

Es ist übrigens gar nicht so einfach, vorgegebene Umrisse von Figuren mit Tangramsteinen auszufüllen!

3. Problem: Wie viele Möglichkeiten gibt es, eine Figur zu legen?

Ein Trapez kann beispielsweise zumindest auf zwei Arten ausgelegt werden.

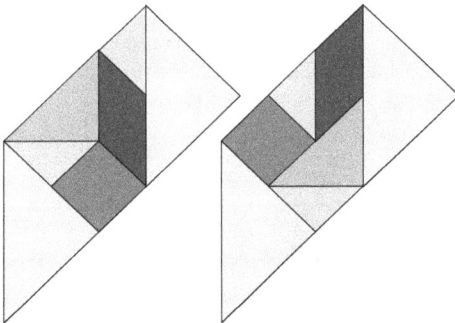

Das doppelte Tangram-Trapez

Es gibt eine Menge weiterer Beispiele dafür, wie Figuren auf unterschiedliche Art von Tangramsteinen gebildet werden können – dennoch kann nicht gesagt werden, dass sich grundsätzlich jede Form auf verschiedene Arten nachlegen lässt. Bei einigen Beispielen gibt es genau nur eine einzige Möglichkeit, die Form korrekt nachzulegen.

2.4.1   Konvexe Figuren, Eindeutigkeit und 7 +1

Mit den 7 Tangramsteinen kann auch ein Quadrat gelegt werden. Wenn das mittlere Dreieck, das Quadrat oder das Parallelogramm als jeweils zusätzliches Stück dazu genommen wird, folgt daraus wiederum ein neues, größeres Quadrat.

Hier die einzelnen Lösungen:

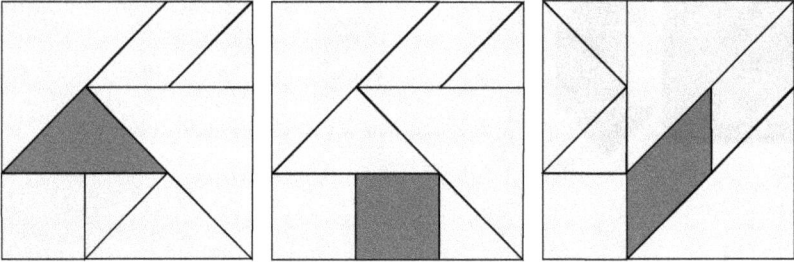

Tangram und ein zusätzlicher Stein im Quadrat

Eine andere Aufgabenstellung mit Tangrams beinhaltet konvexe Figuren (konvexe Tangrams). Eine Figur ist dann konvex, wenn sie nach außen hin gewölbt ist. Genauer formuliert: Werden zwei beliebige Punkte innerhalb der Figur herausgegriffen, so liegt auch die Strecke zwischen den beiden Punkten innerhalb der Figur.

Interessant ist nun, dass es lediglich 13 konvexe Figuren gibt, die mit Tangramsteinen gelegt werden können. Diese Formen werden nachfolgend gleich mit ihren Lösungen dargestellt:

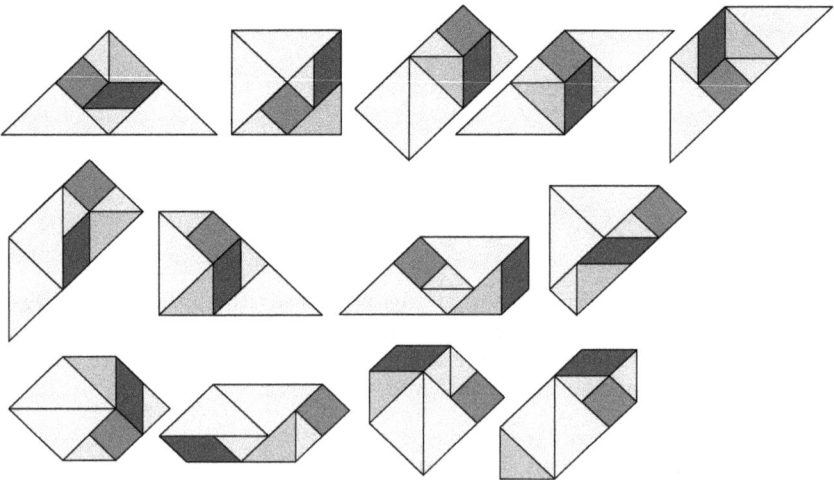

Konvexe Tangrams

Bis auf Symmetrie gibt es nur eine einzige Möglichkeit, mit der Hilfe von Tangrams zwei Quadrate (Zwillinge) zu legen.

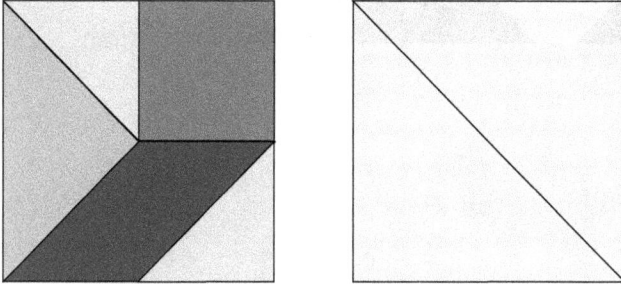

Zwilling-Tangrams

2.4.2 Paradoxa

Äußerst spannend sind so genannte Tangram-Paradoxa – sie zeigen besonders gut auf, wie wandelbar die Tangramfiguren sind.

Ein gleichschenkeliges Trapez zu legen, ist beispielsweise nicht möglich. Wird die Figur mit Tangramsteinen nachgelegt, so zeigt sich sofort der Fehler:

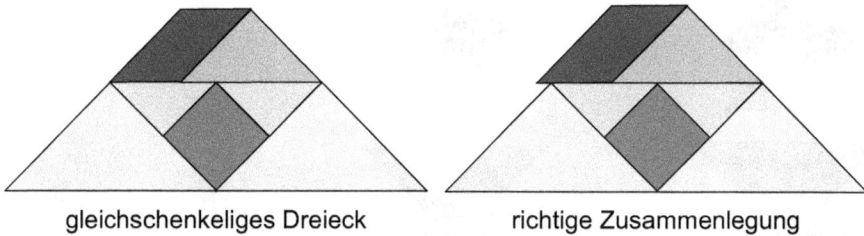

gleichschenkeliges Dreieck   richtige Zusammenlegung

Tangram und Paradoxa: Idee

Es wird hier der Sachverhalt genützt, dass 4 und das Dreifache der Wurzel aus 2 ungefähr übereinstimmen.

Nachfolgend die Auflösungen vieler Paradoxa mit Tangramsteinen., wobei zwei scheinbar gleiche Tangramfiguren die gleiche Figur darstellen sollen. Woher kommt das quadratische Loch beim Dreieck (Dreieck-Paradoxa)?

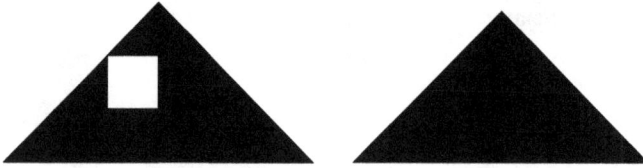

Tangram-Paradoxa: Dreieck

Lösung:

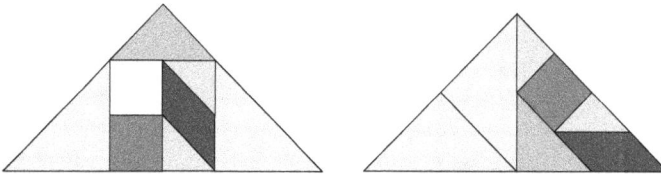

Tangram-Paradoxa: Dreieck-Lösung

Vasen-Paradoxa: ist dies nun eine Vase – oder sind es doch vier verschiedene?

Tangram-Paradoxa: Vasen

Lösungen:

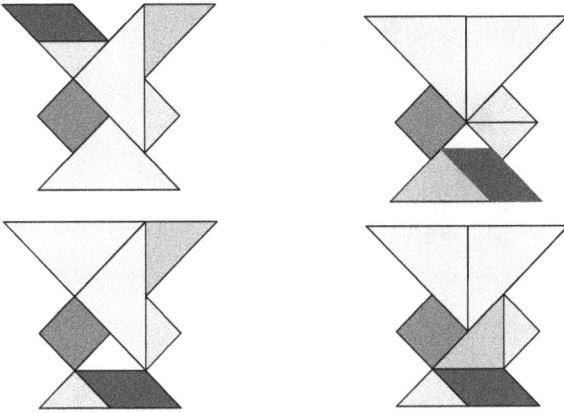

Tangram-Paradoxa: Vasen-Lösung

Herren-Paradoxa: Beide Teile wurden mit den gleichen sieben Teilen gelegt, dennoch fehlt dem linken Herrn sozusagen „ein Bein":

Tangram-Paradoxa: Herren

Lösung:

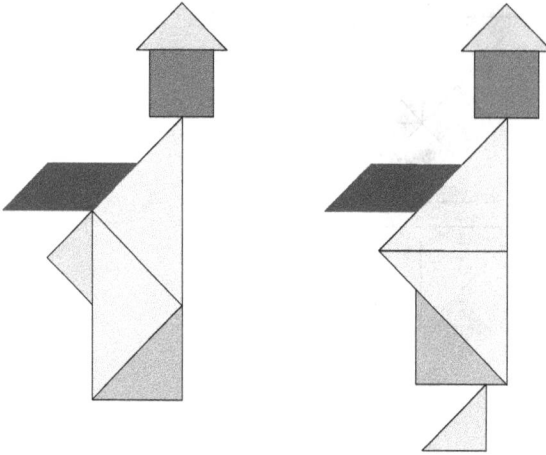

Tangram-Paradoxa: Herren-Lösung

Die beiden Tangramfiguren sind also nur scheinbar gleich, wenn das Bein bei der rechten Herrenfigur weggelassen wird.

Bei verschiedenen Tangramfiguren ist schön zu sehen, wie sich eine gleiche Form nur durch eine andere Stellung in einen weiteren Gegenstand verwandeln kann. Nachfolgend ein Beispiel, wie sich die stets gleiche Figur einmal als Schraubenschlüssel (mit Knopf zum Einstellen), ein anderes Mal als sich artig verbeugendes japanisches Mädchen (Geisha) und ein drittes Mal als Kinderwagen darstellt:

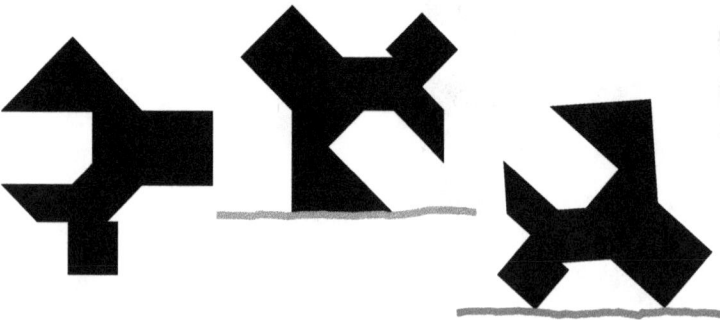

Tangram: Drei ist Eins

2.4.3   Sei Shonagon Chie-No-Ita – das Japanische Tangram

Dieses Puzzle (Japanisches Tangram) wurde erstmalig in einem Buch erwähnt worden, welches im Jahre 1742 in Japan erschien. Der Name bedeutet in der Übersetzung die „sinnreichen Steine" oder „die Steine der Weisheit". Das Buch enthält 42 Aufgaben auf 32 Seiten, und liefert auch Lösungen mit, die jedoch teilweise falsch sind. Dieses Buch stellt einen der sehr wenigen Sammlungen von frühen japanischen tangramähnlichen Puzzles dar. Sei Shanagon war eine Hofdame, sie lebte am Ende des 10. und zu Beginn des 11. Jahrhunderts. Es wird über sie berichtet, dass sie eine der klügsten Frauen Japans war.

Um 1780 schrieb Takahiro Nakada ein Manuskript namens Narabemono 110, welches 110 Vorlagen für dieses Puzzle liefert:

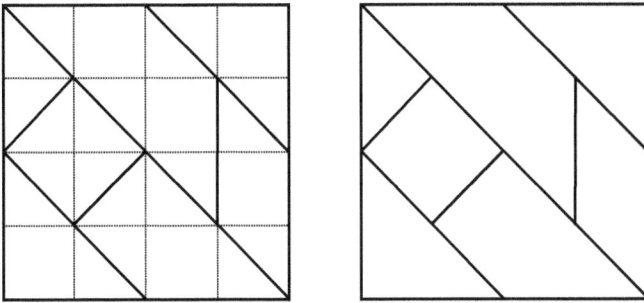

Das japanische Tangram

Mit Hilfe dieser Steine kann in einem Quadrat ein kleineres quadratisches „Loch", in gleicher Ausrichtung, gesetzt werden. Mit Tangrams selbst ist es hingegen keinesfalls möglich, ein Quadrat zu bilden in welchem sich ein quadratisches Loch befindet – vollkommen unabhängig davon, an welcher Stelle dieses Loch auch immer gesetzt werden mag! Weiters kann durch das japanische Tangram ein Quadrat auf zwei Arten gelegt werden, beim Tangram gibt es hingegen nur eine einzige Möglichkeit. Wird die Lage des Parallelogramms beim Tangram fixiert, so ist gleichermaßen die Lage aller anderen Steine ebenfalls fixiert.

Der Beweis des Satzes von Pythagoras hat direkt zum Kathetensatz und weiter zum Höhensatz geführt. Tangram – als Möglichkeit der Zerlegung – wurde diskutiert und spannende Fragen im Bezug zu Tangram, wie z.B. die Paradoxa, behandelt. Das japanische Tangram und einige Unterschiede zum Tangram wurden ebenso aufgezeigt.

3 Elefantenpuzzle, Pythagorasbaum und weitere verwandte Themen

Es kann angenommen werden, dass die Tangramsteine dadurch entstanden sind, dass ein 4x4-Quadrat zerschnitten wurde. Dies kann bei der Herstellung von Tangramsteinen hilfreich sein, indem auf Sperrholz oder auf Pappe ein 4x4-Quadrat mit vier Diagonalen (wie im folgenden mittleren Bild gezeigt) gezeichnet wird. Dann wird das Quadrat zersägt bzw. zerschnitten, wie das rechte Bild der folgenden Darstellung zeigt.

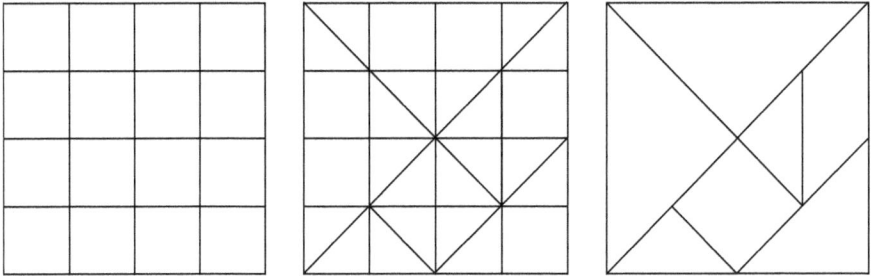

Tangramentstehung aus einem 4x4-Quadrat

Es werden im Übrigen zahlreiche verschiedene Varianten angeboten, wie ein Tangram entstehen kann, indem ein 4x4 Quadrat in unterschiedliche Teile zerschnitten wird.

3.1   Spiel und Tangram

Zumeist haben die Menschen den Wunsch, die Tangrams in Spielen zu verwenden, die mit Freunden gespielt werden. Es wird nun mit einem Spiel begonnen, bei dem Sie Ihre neu erworbenen Fähigkeiten beim Nachbilden von Vorlagen nutzen können.

Nachbildung einer Silhouette

* Ziel des Spiels: Nachbildung einer Figur mit Tangramsteinen anhand einer vorgegebenen Silhouette.
* Anzahl der Spieler: Zwei oder mehr
* Benötigtes Material: Ein Satz Tangramteile für jeden Spieler; Bleistift und Papier.
* Spielablauf: Jeder Spieler konstruiert verdeckt eine Figur, zeichnet deren Silhouette und gibt seine Vorlage an den Spieler zu seiner Linken weiter; anschließend rekonstruiert er die Figur, die er als Vorlage von dem Spieler zu seiner Rechten erhalten hat. Der Spieler, der als erster seine Figur neu gebildet hat, gewinnt.

Als nächstes wird ein Spiel vorgestellt, bei dem das Wissen über die Größen und Formen der Tangramsteine angewendet werden kann, um die Teile auf einer begrenzten Fläche unterzubringen.

Tangram hinter Gitter

* Ziel des Spiels: Platzierung des letzten Tangram-Teils.
* Anzahl der Spieler: Zwei
* Benötigtes Material: Ein Satz Tangramsteine; ein 3x3-Gitter, wobei jedes Gitter die Größe des Quadrats haben soll
* Spielablauf: Die Spieler sind abwechselnd am Zug. Bei jedem Zug platziert der Spieler
  ein Teil innerhalb der Begrenzung des Felds. Dieses Teil darf ein bereits gelegtes berühren, aber nicht überlappen. Die Grenze darf nicht berührt werden. Ein gelegtes Teil kann
  nicht mehr bewegt werden. Der Spieler, der als erster kein Teil mehr platzieren kann, verliert.
  Variante: Ein gelegtes Teil darf kein anderes berühren.

Ein Beispielsverlauf ist unten abgebildet, wobei die einzelnen Schritte mit Ziffern markiert
sind:

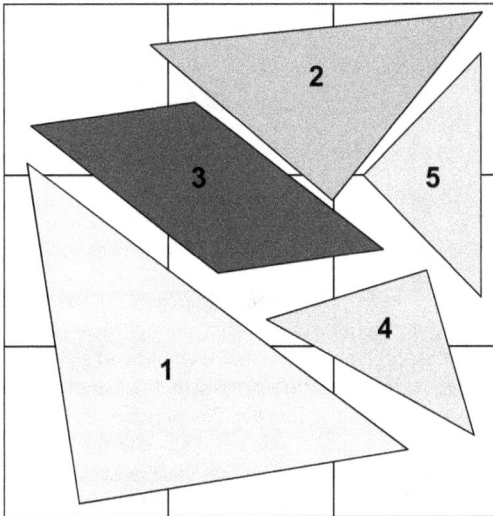

Tangram hinter Gitter

Spiegel-Tangram

Ziel des Spiels ist es, die Zielfiguren auf eine Weise so zu spiegeln, dass zwei Tangramsteine
zusammen mit der Spiegelung die gewünschte End-Zielfigur ergeben. Als weiterführende
Fragestellung für Geübte eignet sich dann folgendes: Es gilt, immer vier Karten zu finden,
die aus derselben gelegten Hälfte erspiegelt werden können. Nachfolgend werden die Merk-
male aufgezählt, die dieses Spiel charakterisieren:

- Jede Zielfigur besteht aus zwei Hälften, von denen eine gelegt und die andere im Spiegel entstehen muss.
- Jede Zielfigur hat eine Symmetrieachse.
- Diese Symmetrieachse kann entweder senkrecht, waagrecht oder diagonal („schräg") liegen.
- Der Spiegel selbst kann entweder an einer Ecke oder entlang einer Seite angesetzt werden.
- Aus der gleichen Anordnung zweier Spielsteine können lediglich durch das Umsetzen des Spiegels verschiedene Zielfiguren entstehen.

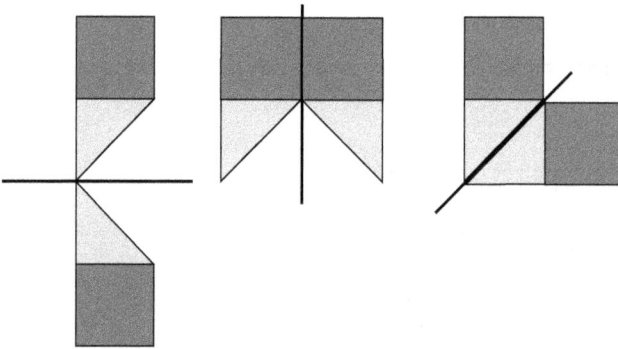

Spiegel-Tangram

Als Einstieg sollte frei mit dem Material gespielt werden, um auszuprobieren, was alles mit den Spielsteinen in Kombination mit dem Spiegel möglich ist. Als nächster Schritt werden die Zielfiguren genommen, die mit Steinen und Spiegel zu bilden sind. Es empfiehlt sich, zu Beginn die vorgegebenen Hälften real nachzulegen, um die wahrgenommene Lage der Spielsteine zueinander rekonstruieren zu können. Erst danach sollte die Position des Spiegels gefunden werden – dazu ist es notwendig, dass der Vergleich von der Ziel- und der selbst gebildeten Figur gewährleistet ist. Es wurde festgestellt, dass Zielfiguren, die eine senkrechte oder waagerechte Symmetrieachse aufweisen, leichter zu finden sind als Figuren mit einer diagonalen Symmetrieachse.

Es ergibt sich aufgrund von unterschiedlichen Farben und Anzahl von Tangramsteinen ein sehr großes Schwierigkeitsspektrum für unterschiedliche Bedürfnisse. Bemerkenswert ist dabei, dass nie aufwändige Erklärungen oder schwer zu erstellendes Material dafür nötig sind.

3.2   Varianten der Tangrams

Anhand des 4x4-Quadrats sind beispielsweise die Spielvarianten Multifigura, Quälgeist, Geo-Met oder Pythagoras zu finden.

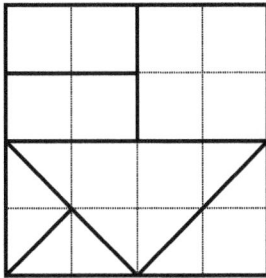

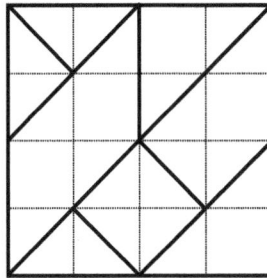

| Multifigura | Quälgeist, Tormentor | Cocogram |

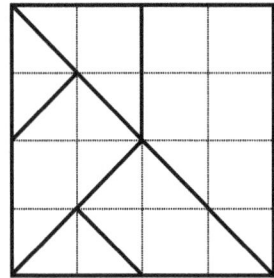

Tangram-Varianten 1

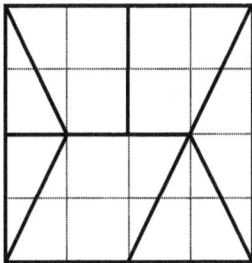

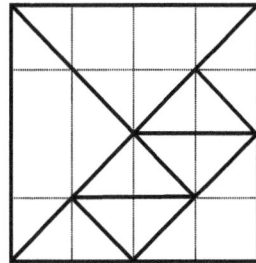

| The Square Jigsaw Puzzle | Geo-Met | M. William's 9-Piece Tangram |

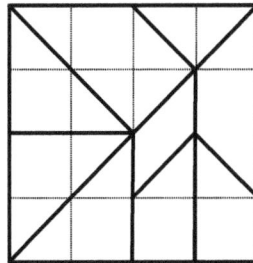

Tangram-Varianten 2

Das Legespiel „Pythagoras" besteht aus sieben Teilen: 2 Quadrate und 4 Dreiecke unterschiedlicher Größe, sowie 1 Parallelogramm. Es wäre interessant herauszufinden, welche Ähnlichkeiten bzw. Unterschiede zwischen diesem Spiel und Tangram bestehen: Welche Teile könnten beispielsweise in beiden Spielen verwendet werden? Oder wie viele konvexe Formen können mit dem Pythagoras-Set geformt werden?

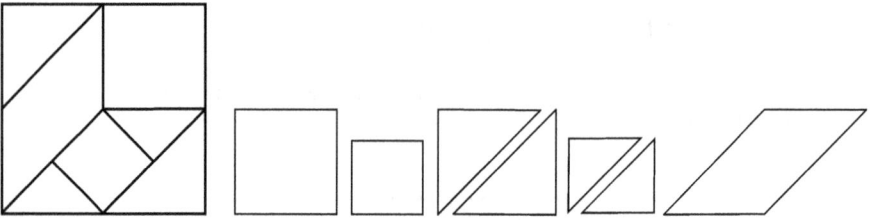

Pythagoras: Zerlegung des Quadrats

Im Orient wurde lange vor Pythagoras herausgefunden, dass das Tangram den – erst später so bezeichneten – Satz des Pythagoras beweist. Nachfolgend ein spannender Beweis dieses Satzes unter Verwendung von Tangram, obwohl der Beweis mathematisch nicht vollständig ist.

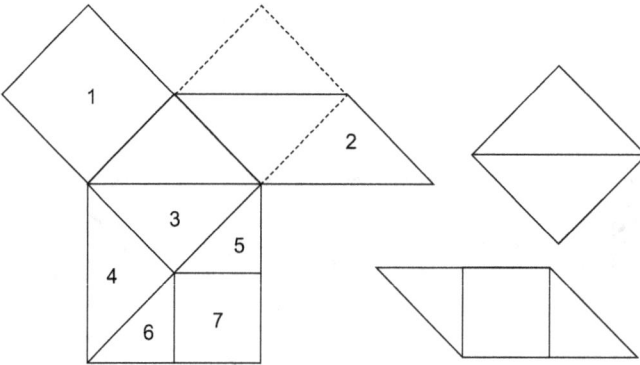

Beweis des Satzes von Pythagoras: Zerlegung des Quadrats

Bestimmt wird eine Fläche von $1\,a^2$, eine Fläche von $2\,b^2$ und eine Fläche zusammengesetzt aus $3 + 4 + 5 + 6 + 7\ c^2$. Die Fläche c^2 wird nun auf die Fläche a^2 und Fläche b^2 aufgeteilt. Für die Fläche a^2 werden die Flächen 3 und 4 verwendet, für die Fläche b^2 werden die Flächen 5, 6 und Fläche 7 verwendet.

Ein weiteres Beispiel ist „Yum-Yum", ein mathematisch-geometrisches Legespiel aus Schweden. Es wurde von Sophus Tromholt (1851-1896) erfunden und besteht aus 12 Steinen. Es sind aktuell 300 Figuren bekannt die mit diesen Steinen gelegt werden können.

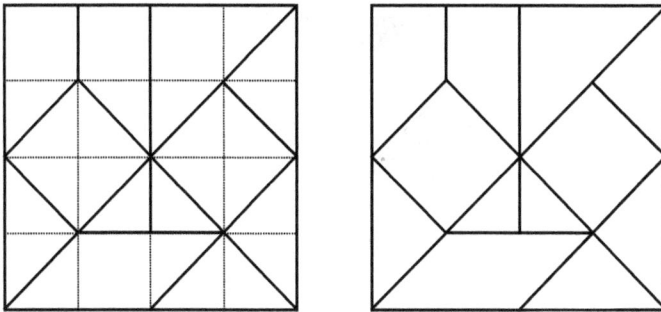

Yum-Yum

Weitere Varianten können gefunden werden, indem die geometrische Figur so verändert wird, dass neben Quadraten auch Rechtecke, Kreise, Herzen oder Eier zerlegt werden können.

So können beispielsweise mit dem Herzrätsel (oder auch „Gebrochenes Herz"), welches aus 9 Steinen besteht, unterschiedliche Figuren gelegt werden. Auch im Bereich von Beziehungen ist das Herzrätsel als Geschenk mehr als geeignet: Das Herz, welches zerbrechen kann, soll nicht das deine sein, sondern dieses Herzrätsel! Die Steine haben interessante Winkel und Kurven, teilweise romantisch phantasievoll angehaucht. Die 9 Steine des Herzrätsels können zu verschiedenen Figuren zusammengelegt werden – auch dies zeigt im übertragenen Sinn die unterschiedlichen Seiten einer gebrochenen Liebe. Die Symmetrie des Spieles macht das Rätsel insgesamt noch herausfordernder.

Um ein Herzrätsel selbst zu erstellen, wird ein 3x3-Quadrat gezeichnet und um 45° gedreht. Danach wird jeweils ein Kreis um A und B mit dem Radius gleich der Quadratseite gezogen, wie in folgender Darstellung gezeigt wird:

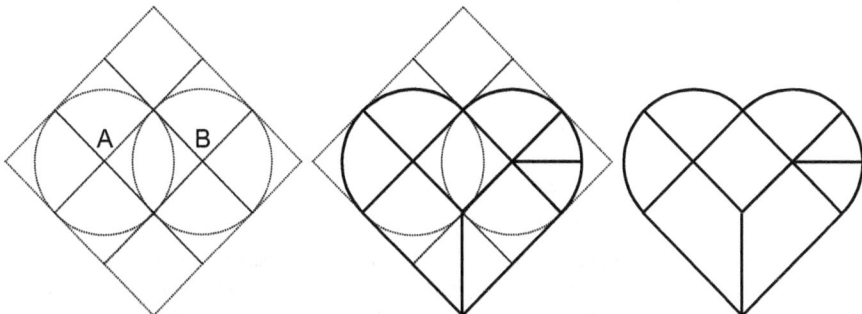

Entstehung des zerbrochenen Herzens

Hier zwei Beispiele, die mit Hilfe der Steine des Herzrätsels erstellt werden können:

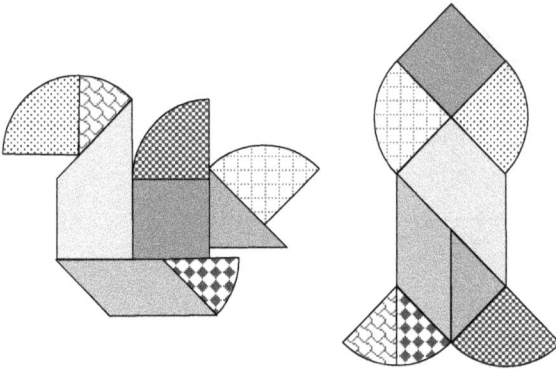

Zerbrochenes Herz: Ganz anders

Nun soll auch noch „Das magische Ei" bzw. „Das Ei des Kolumbus" betrachtet werden:

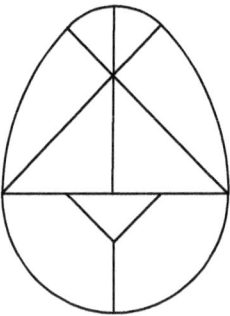

Das magische Ei

Die Figur setzt sich zusammen aus einem Halbkreis, einem Viertelkreis und zwei Achtelkreisen, die ein Dreieck gemeinsam haben.

Es ist wohl bekannt, dass Vögel aus einem Ei kommen, und dieses Puzzle kann das sogar beweisen, da mit Hilfe dieses 9-teiligen magischen Eies viele Varianten von Vogelfiguren gebildet werden können. Damit ist wohl endlich das Henne-Ei-Problem gelöst, d.h. die Redewendung „Was war zuerst da: die Henne oder das Ei?"

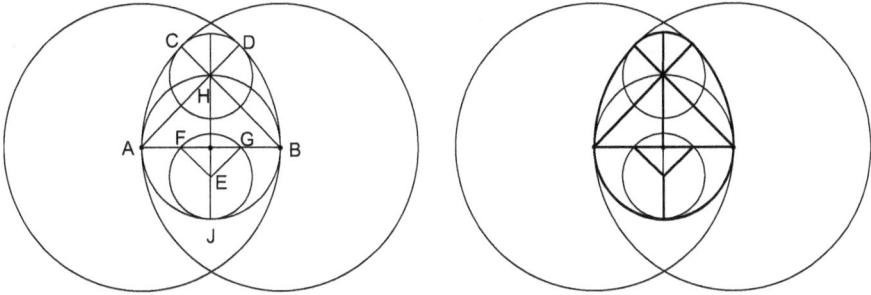

Entstehung des magischen Eies

Die Konstruktion selbst kann wie folgt beschrieben werden.

1. Ziehe einen Kreis in beliebigen Radius und markiere den Durchmesser AB und HJ im rechten Winkel.
2. Ziehe die Linien AH und BH und verlängere diese im gleichen Ausmaß.
3. Ziehe die Sehne BD mit Hilfe eines Kreises, dessen Mittelpunkt A und Radius AB ist. Ziehe eine weitere Sehne AC mit Hilfe eines Kreises dessen Mittelpunkt B und Radius ebenfalls AB ist.
4. Zeichne einen Kreis mit Mittelpunkt H, welcher den größeren Kreis bei C und D berührt, jedoch nicht schneidet.
5. Mit dem gleichen Radius wie in 4, wird der Punkt E markiert und ein Kreis mit Mittelpunkt E gezogen.
6. Zeichne die Linie EF und EG ein.

Zuletzt werden noch kreisförmige Tangrams (Kreis-Tangram) vorgestellt. Diese haben wie das ursprüngliche Tangram ebenfalls sieben Steine. Zu ihrer Erstellung werden jeweils zwei Kreise mit gleichem Durchmesser in der Hälfte zerteilt. Dann sind in einem dieser Kreis zwei weitere Schnitte durchzuführen, sodass dort fünf Steine entstehen, wie nachfolgende Abbildung zeigt:

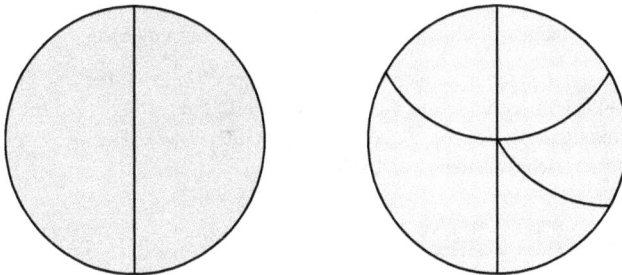

Das Kreis-Tangram

Die Entstehung der zwei Schnitte für den zweiten Kreis soll nun genauer erklärt werden. Alle drei Kreise haben den gleichen Radius; der Mittelpunkt M liegt beim Schnittpunkt mit jener Linie, die den ursprünglichen Kreis teilt. Der Mittelpunkt N ist hingegen der Schnittpunkt des ersten (ursprünglichen) und des zweiten Kreises (mit Mittelpunkt M).

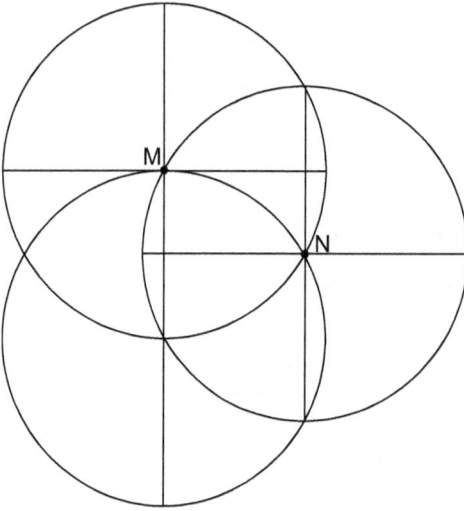

Die Entstehung des Kreis-Tangrams

3.3   Spiel und Pythagoras

Mit Hilfe von zwei Beispielen kann ein spielerischer Zugang zu Pythagoras näher gebracht werden. Im ersten Spiel ist das kreative Ablegen von Spielsteinen im Fokus, wobei die bestmöglichen Kombinationen für ein langes „Pythagorasband" gefunden werden müssen.

Das zweite Beispiel hat den vorerst erschreckenden Titel „Pythagoras hinter Gitter", doch behandelt es weniger kriminelle Hintergründe als vielmehr die vielfältigen Möglichkeiten des Platzierens von rechtwinkeligen Dreiecken innerhalb eines Gitterrasters. Bei diesem Spiel wird insbesondere auf strategisches Denken Wert gelegt und dieses gefördert.

3.3.1   Das Pythagoras-Legespiel

Das Pythagoras-Legespiel bietet sich im Speziellen für Kinder an. Dieses kreative Puzzle in neuartiger Variante kann frei und spielerisch ein Gefühl für Formen und – sofern die Spielsteine bunt gewählt werden – Farbe entwickeln. Zusätzlich können Spannungen aufgebaut und gleichzeitig harmonische Ordnung gesucht und gefunden werden. Dieses Spiel regt die innere Beweglichkeit an, bringt Fantasie in das Denken und weckt die möglicherweise noch ruhenden Kräfte für schöpferisches Gestalten.

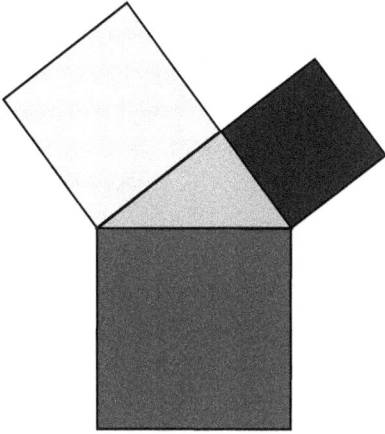

Das Pythagoras-Legespiel

Die Kreativität entfalten: Jeder bekommt gleich viele Teile. Ein Spieler beginnt mit einem großen (z.B. roten) Quadrat. Nacheinander legt jeder einen Stein passend an den seines Vorspielers. Wer nicht anlegen kann, muss aussetzen. Wer zuerst fertig ist, hat gewonnen. Nachfolgend ein Beispiel eines möglichen Spielverlaufs, welches die Regeln nochmals klar aufzeigt:

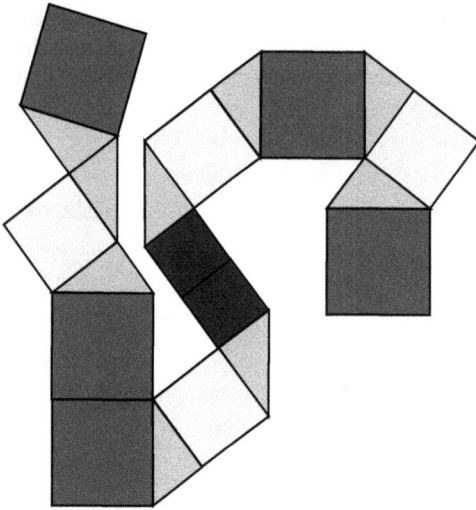

Ein kreatives Pythagorasband

Es können immer neue Formationen (und bei bunten Steinen: Farbkombinationen) entstehen, doch dabei ohne den Druck, dass ein Kunstwerk vollbracht werden muss: aus dem Gewordenen entsteht automatisch das Neue! So könnte, unter Verwendung von farbigen Spielsteinen, z.B. das Hypotenusenquadrat rot sein, das rechtwinkelige Dreieck grün, das größere Kathetenquadrat gelb und das kleinere Kathetenquadrat blau. So nimmt es die Hemmung vor der eigenen Gestaltungskraft und ein spielerisch selbstverständlicher Zugang zur Kreativität wird möglich.

Folgende alternative Variante ist möglich: Die Spieler bekommen von jeder Farbe drei Steine. Die restlichen Steine werden in einem Säckchen in der Mitte des Tisches abgelegt.

Der jüngste Spieler beginnt. Der nächste Spieler legt einen seiner Steine passend dazu. So geht es nun reihum. Kann jemand keinen Stein passend anlegen, so muss er aussetzen und einen weiteren Stein aus dem Säckchen ziehen. Ist kein Stein mehr im Säckchen oder hat jemand seinen letzten Stein angelegt, so endet das Spiel. Gewonnen hat der Spieler, der zu Spielende die wenigsten oder keine Steine übrig hat.

3.3.2   Pythagoras hinter Gitter

Keine Angst - unser Pythagoras ist nicht von der rechten Laufbahn abgekommen - vielmehr handelt es sich hier um ein recht kniffeliges Spiel!

- Ziel des Spiels: das letzte rechtwinklige Dreieck in einem Gitter zu platzieren.
- Benötigtes Material: Papier und Bleistift; ein 4x4-Punktgitter auf Millimeterpapier.

• Spielablauf: Die Spieler zeichnen abwechselnd rechtwinkelige Dreiecke in das Gitter,
  indem sie drei Punkt miteinander verbinden. Die kurzen Seiten des Dreiecks (Katheten)
  müssen horizontal und vertikal verlaufen, und das Dreieck muss die Hälfte eines Gitter-
  feldes einnehmen. Achtung: kein Dreieck darf ein anderes berühren, auch nicht an einem
  Punkt! Jener Spieler, der das letzte Dreieck platziert, gewinnt.

Variante 1: Verwendung eines 5x5-Gitters

Die folgenden zwei Musterspiele zeigen die Ziffern der Reihenfolge an, in welcher die
Dreiecke gezeichnet wurden:

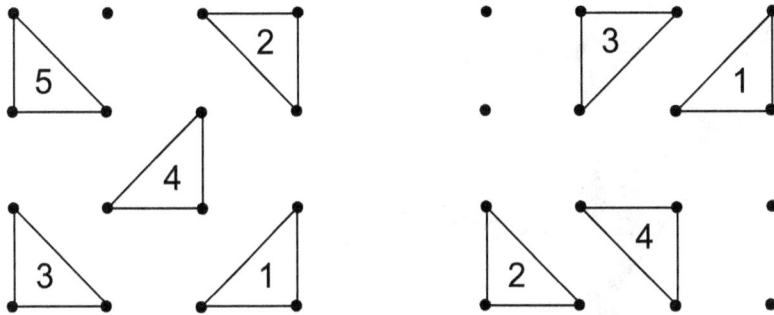

Pythagoras hinter Gitter

Variante 2: Jede kurze Seite darf zwei oder drei Punkte horizontal oder vertikal miteinander
verbinden.

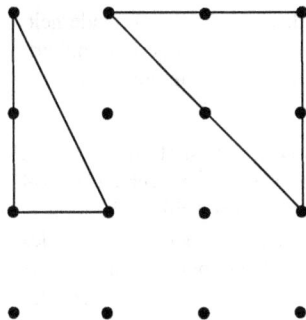

Pythagoras hinter Gitter: Variante

Die Variante 2 zeichnet sich dadurch aus, dass mehr Möglichkeiten als bei Variante 1 gegeben sind, und ein höheres Maß an strategischem Denken erforderlich ist.

3.4   Der Pythagoras-Baum

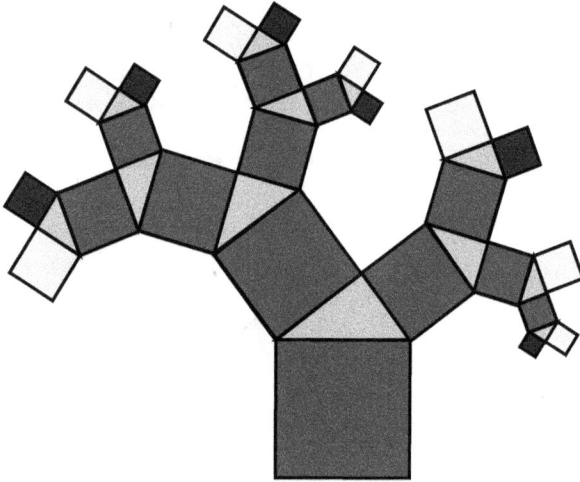

Der Pythagoras-Baum

Ein Pythagoras-Baum ist eine besondere Art eines Fraktals. Fraktale haben die Besonderheit, dass sie bis in unendliche Bereiche exakte Selbstähnlichkeit aufweisen. Anders formuliert: Bei exakter Selbstähnlichkeit enthält jeder beliebige Ausschnitt aus dem Gesamtobjekt eine exakte Kopie des gesamten Gebildes.

Das ursprüngliche Verfahren zum Erstellen eines Pythagoras-Baums basiert auf dem Satz des Pythagoras, in dem auf ein Quadrat zwei weitere, kleinere Quadrate im rechten Winkel angeordnet werden. Durch rekursives Aufrufen dieser Konstruktionsvorschrift wird ein Fraktal erzeugt, das im Grenzfall der Form eines Baumes ähnelt. Durch den rechten Winkel des eingeschlossenen Dreiecks bleibt die Gesamtfläche jeder Ebene gleich, daher ist die Fläche des Grundelementes (Stammes) genauso groß wie die Summe der Fläche aller äußeren Elemente (Blätter).

Konstruktion:

Aus einer Grundlinie wird ein Quadrat konstruiert. Auf diesem Grundelement (Stamm) wird auf der Oberseite ein Thaleskreis gezeichnet und dieser beliebig geteilt. Der entstehende

Punkt wird mit dem Grundelement verbunden (Bild 1), sodass ein rechtwinkeliges Dreieck entsteht. Aus den beiden entstandenen Schenkeln des Dreiecks wird wieder jeweils ein Quadrat konstruiert (Bild 2), ein Thaleskreis aufgezeichnet, dieser geteilt, ein rechtwinkeliges Dreieck konstruiert (Bild 3) und so wieder zu einem Quadrat erweitert (Bild 4). Dieser Vorgang wird beliebig oft wiederholt.

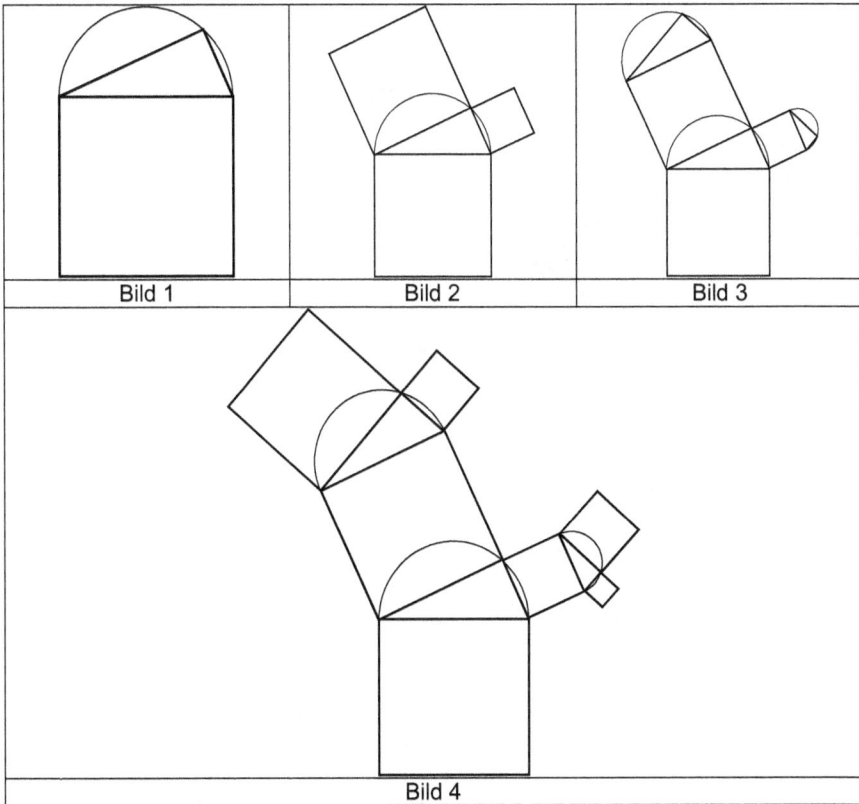

Die Konstruktion des Pythagoras-Baums

Der folgende Pythagoras-Baum wird aus rechtwinkeligen, gleichschenkeligen Dreiecken gebildet.

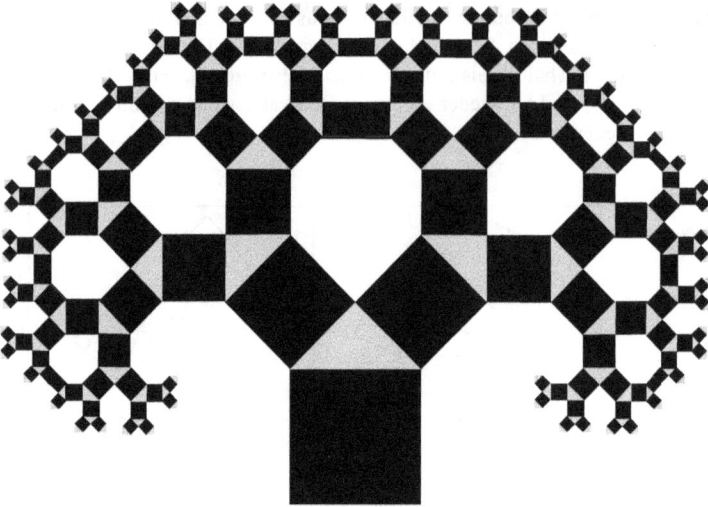

Ein Pythagoras-Baum aus rechtwinkeligen, gleichschenkeligen Dreiecken

3.5   Pentominos

Was sind Pentominos? Das sind fünf Einheitsquadrate, die so aneinandergefügt werden, dass je zwei benachbarte Quadrate eine gemeinsame Seite bilden. Bleiben gespiegelte bzw. gedrehte Lagen unberücksichtigt, so entstehen auf diese Weise zwölf verschiedene Figuren.

Zwei Formen gelten dann nicht als unterschiedlich, wenn sich die eine Form durch eine Rotation und/oder ein Umdrehen aus einer anderen Form ergeben kann. Eine unterschiedliche Figur ergibt sich daraus nur dann, wenn sich eine Figur 1 beispielsweise durch Rotation in eine Figur 2, oder durch Umdrehung in eine Figur 3 verwandelt.

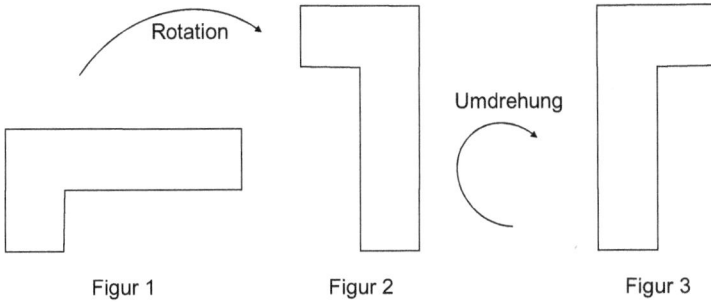

Figur 1   Figur 2   Figur 3

Pentominos: Grundidee

Der Name „Pentomino", der aus der griechischen Vorsilbe für die Zahl Fünf und der Nachsilbe -omino gebildet wird, geht auf den amerikanischen Mathematiker Salomon W. Golomb (Professor für Mathematik, derzeit an der Universität Südkalifornien) zurück.

Er untersuchte zusammengesetzte Figuren aus mehreren Quadraten und führte die Bezeichnungen Monomino, Tronimo, Tetromino, Pentomino, Hexomino, Heptomino etc. ein. Allgemein werden sie Polyomino (Kunstwort, abgeleitet von „Domino") genannt. Polyomino ist eine Fläche, die aus n zusammenhängenden Quadraten besteht.

Als Ominofigur wird seither eine Form bezeichnet, bei der Einheitsquadrate Seite an Seite aneinandergereiht sind.

3.5.1   Eigenschaften von Pentominos

Die Pentomino-Figuren haben gewisse Gemeinsamkeiten, z.B. in der Länge einer Reihe. Nachfolgend werden diese Figuren vorgestellt.

• Fünf Quadrate in einer Reihe

Pentominos in einer Reihe

• Die längste Reihe besteht aus vier Quadraten

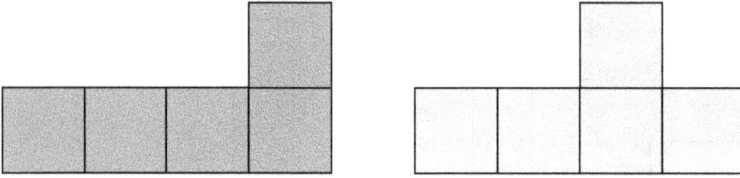

Pentominos mit längster Reihe aus vier Quadraten

- Die längste Reihe besteht aus drei Quadraten

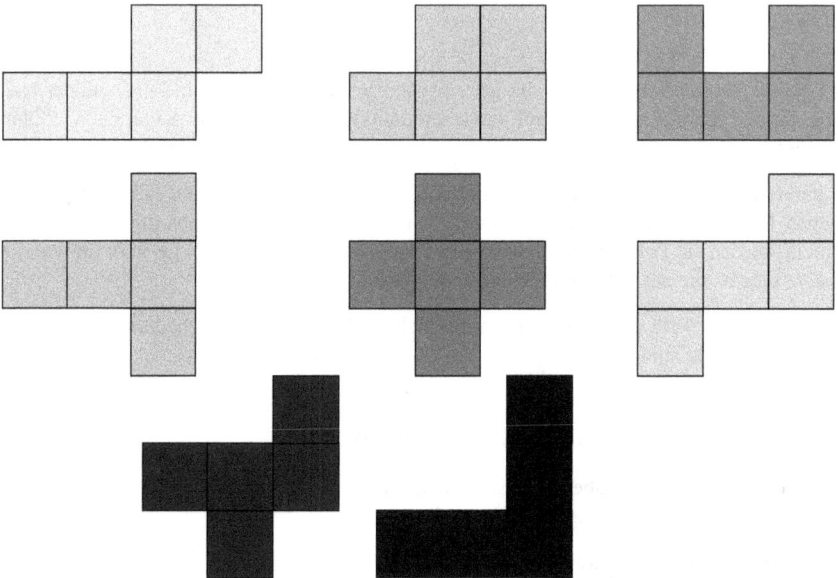

Pentominos mit längster Reihe aus drei Quadraten

- Die längste Reihe besteht aus zwei Quadraten

Pentominos mit längster Reihe aus zwei Quadraten

3.5.2 Pentominos und Buchstaben

Jedes Pentomino zeigt Ähnlichkeiten mit zumindest einem Buchstaben des Alphabets.

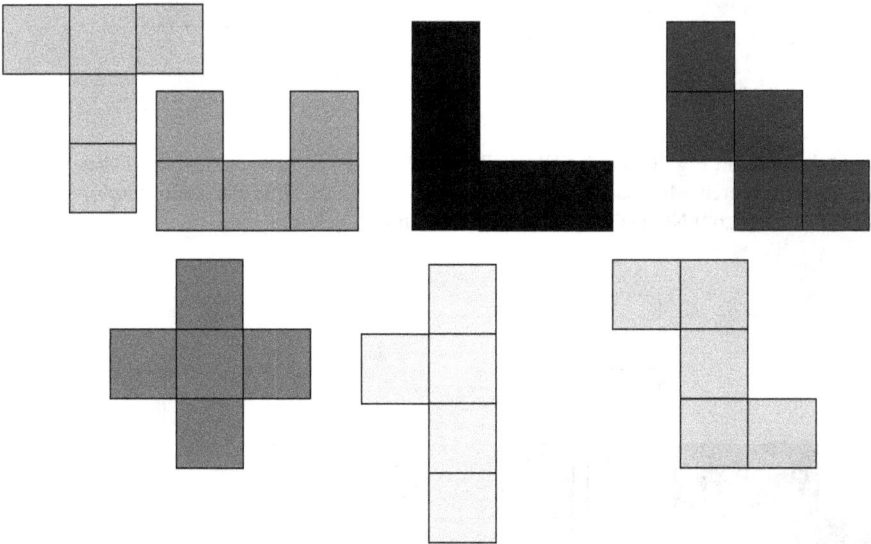

Basis-Pentominos I

Als Gedächtnisstütze können die letzten Buchstaben des Alphabets (T-U-V-W-X-Y-Z) herangezogen werden. Das „U" könnte auch als kleines „c" erkannt werden, das „W" wird von vielen als „M" gesehen, das „V" im ersten Augenblick als „L" – jedoch sind die Seiten des

Buchstabens „L" nicht gleich, womit „L" nicht zutreffend sein kann. Das „Y" ist in dieser
Folge der schwierigste Buchstabe und wird am seltensten gefunden.

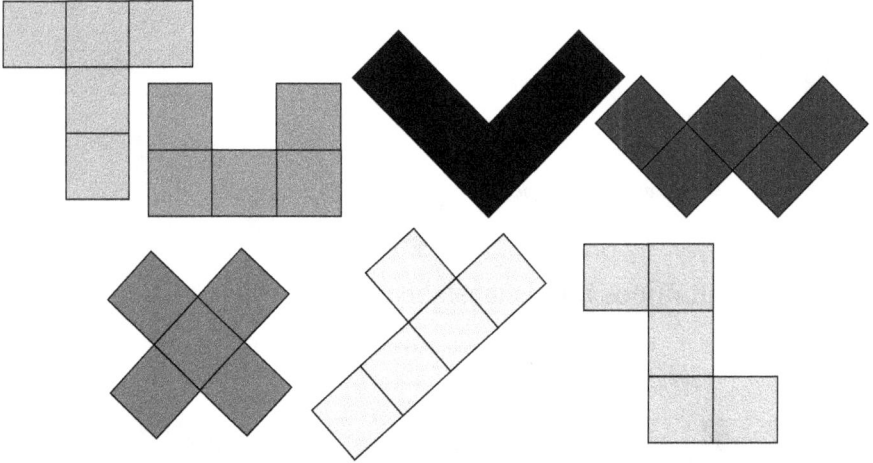

T-U-V-W-X-Y-Z – Pentominos

Als nächstes Wort ergibt sich das Wort „F-I-L-i-P-i-N-o". Es ist dies ein künstliches Wort,
das zur einfacheren Merkbarkeit kreiert wurde. Wichtig ist, dass die klein geschriebenen
Vokale („i" und „o") NICHT zur Familie der Pentominos gehören.

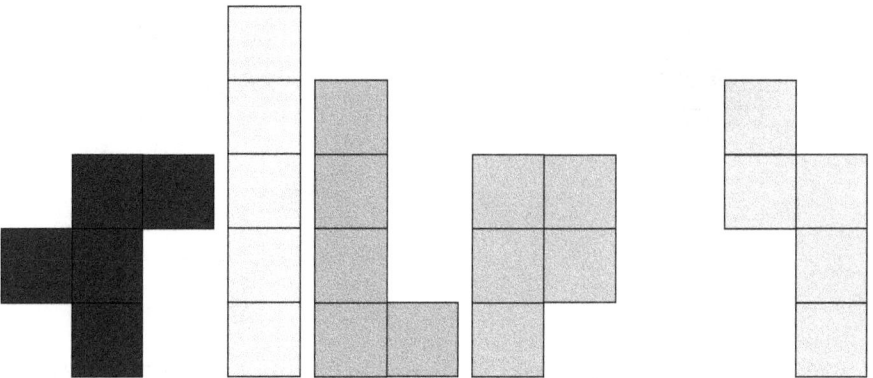

Basis-Pentominos II

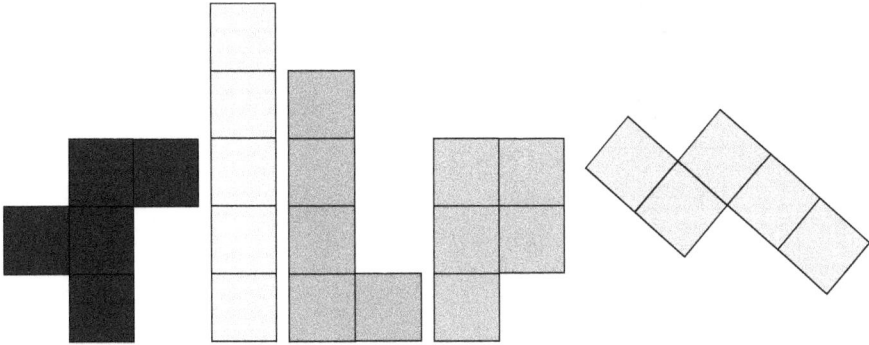

F-I-L-i-P-i-N-o-Pentominos

Der Buchstabe „P" wird oft als „b" oder „d" gesehen. Der Buchstabe „F" wird bei dieser Buchstabenfolge häufig nicht als Buchstabe erkannt. Hier wird an die Fantasie appelliert, indem erklärt wird, dass das links wegstehende Quadrat „eigentlich" nach rechts gehöre, doch da ja kein Abstand zwischen dem oberen und unteren Balken gemacht werden kann, würde der Buchstabe dann wie das „P" gelesen werden.

Noch interessanter gestaltet sich die Erklärung zum „N". Hier hat sich gezeigt, dass diese Darstellung nicht leicht zu erkennen ist, doch sobald die Verknüpfung im Wort „FILIPINO" gegeben ist, wird das „N" plötzlich als solches gelesen.

3.5.3 Spiel und Pentominos

Mit Hilfe der 12 Pentominos-Teile ist es nicht möglich ein Quadrat zu legen, weil 12 Pentominos nur 60 Felder besitzen ($12 \cdot 5 = 60$), so wie z.B. ein 8x8-Gitter aus 64 Felder und ein 7x7-Gitter aus 49 Felder besteht. Eine Möglichkeit in einem 8x8-Gitter die Pentominos-Steine zu legen, ist die folgende:

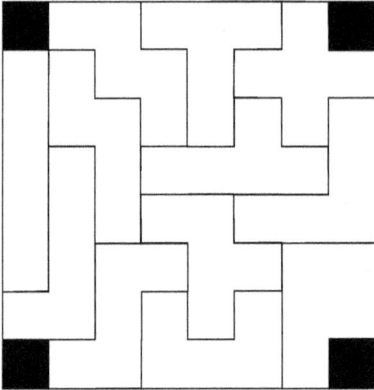

Pentominos im 60er Feld

Nachdem nun die Idee der Pentomino-Steine vertraut gemacht wurde, folgen im Anschluss einige Spiele, die mit Pentominos durchgeführt werden können.

Pentomino-Schlusslicht

- Ziel des Spiels: Platzieren des letzten Pentominosteins auf ein 8x8 Gitter.
- Anzahl der Spieler: Zwei oder mehr
- Benötigtes Material: Ein 8x8-Gitter; Bleistift
- Spielablauf: Jeder Spieler, der an der Reihe ist, zeichnet ein Pentomino-Teil in das Gitter ein, so dass es genau 5 Gitterfelder bedeckt und kein bereits vorhandenes Teil überlappt. Ein Teil, das schon ins Gitter eingezeichnet wurde, kann nicht mehr verändert werden. Ein Spieler, der nicht mehr in der Lage ist, ein Teil zu platzieren, verliert.

Angriff und Verteidigung mit Pentominos

- Ziel des Spiels: Spieler A: Alle Pentominosteine so schnell wie möglich vom Gitter zu entfernen. Für Spieler B: Spieler A zu zwingen, so viele Monominos wie möglich einzusetzen.
- Anzahl der Spieler: Zwei
- Benötigtes Material: Ein Satz von Pentominos-Teilen und so viele Monominos wie erforderlich; ein 8x8-Gitter.
- Spielablauf:
  1. Spieler B platziert alle 12 Pentominos-Teile auf das Gitter, so dass jedes der 5 Felder belegt ist und kein anderes Teil überlappt.
  2. Spieler A wählt ein von einem Pentomino belegtes Feld aus und greift es an.
  3. Spieler B muss dann entweder das Pentomino auf dem Gitter in eine andere Position bringen, ohne dabei schon liegende Pentominos zu überlappen und ohne das angegriffene Feld zu belegen, oder das Pentomino-Teil entfernen.
  4. Spieler A legt anschließend ein Monomino auf das angegriffene Feld.

Das Spiel setzt sich fort, indem Spieler A Felder angreift und Spieler B die Pentominos versetzt, bis alle Pentominos vom Gitter entfernt sind.

Die Monominos auf dem Gitter werden gezählt. Spieler B bekommt einen Punkt für jedes von Spieler A eingesetzte Monomino. Dann wechseln Spieler A und B die Rollen. Der Spieler mit den meisten Punkten gewinnt.

Eines der Grundprobleme bei Pentominos ist die Frage, welche Rechtecke sind möglich zu legen? Es stellt sich dabei heraus, dass nur vier Rechtecke legbar sind – doch hierfür gibt es 2339 Lösungen für das Rechteck 6x10, zwei Lösungen für das Rechteck 3x20, 368 Lösungen für das Rechteck 4x15 und 1010 Lösungen für das Rechteck 5x12. Damit ist der Kreis geschlossen zur Zerlegung von Rechtecken und es wird nun übergeleitet zu der wohl ältesten Zerlegung überhaupt: zum Elefanten im Quadrat.

3.6   Ein Elefant im Quadrat

Archimedes von Syrakus lebte vom Jahre 287 vor Christus bis 212 vor Christus, vermutlich in Syrakus auf Sizilien. Er kann wohl als einer der bedeutendsten Mathematiker der Antike bezeichnet werden – seine Arbeiten haben bis ins 17. Jahrhundert bei der Entwicklung von Analysen Bedeutung gehabt. Sein Leben endete tragisch durch sinnlose militärische Gewalt: Er wurde bei der römischen Eroberung von Syrakus nach dreijähriger Belagerung durch einen römischen Soldaten getötet.

Von seinen zahllosen mathematischen Einsichten und Konzepten soll nun das Stomachion näher betrachtet werden. Dieses zweidimensionale 14-teilige Puzzle ist im Grunde ein „Supertangram". In einem Papyrus aus dem 10. Jahrhundert, 1906 in dem Jerusalemer Saint Sabbas Kloster gefunden, wird die Methode beschrieben. Das Puzzle ist wie genannt unter den Namen Stomachion, aber auch unter Loculus (lat.: „kleine Kiste") bekannt – beide Bezeichnungen werden Archimedes zugeschrieben. Der letztere Name bezeichnet im übertragenen Sinn „das Problem, das einen wahnsinnig macht".

Das Stomachion ist wohl das älteste bekannte Puzzle und mit einem Alter von über 2000 Jahren der Ururgroßvater aller Puzzles. Es besteht aus einer Anzahl von Drei- Vier- und Fünfecken, die sich zu einem Quadrat von 12 mal 12 Einheiten zusammensetzen lassen, wie nachfolgende Abbildung zeigt.

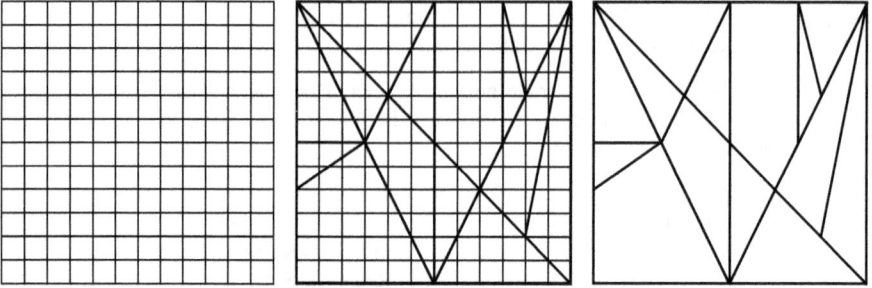

Die Entstehung des Elefanten im Quadrats

Wie viele Möglichkeiten gibt es nun, diese vierzehn Einzelteile wieder zu einem Quadrat zusammenzusetzen?

2200 Jahre später, im Jahre 2003, hat der amerikanische Mathematiker Bill Cutler die Frage beantwortet: 536 (ohne Mitzählungen von Drehungen und Spiegelungen von bereits gefundenen Lösungen), inklusive aller Varianten 17152 Möglichkeiten!

Dichter Ausonius (310-395 vor Christi) hat sich zu diesem Puzzle wie folgt geäußert: „Nur ein Spezialist ist in der Lage einige Figuren zu legen. Versuche, einen Elefanten, eine fliegende Gans einen wilden Bär, einen Jäger, einen Hund, einen Turm und einen Gladiator mit Netz und Helm zu legen."

Hier das wahrscheinlich bekannteste Beispiel des Elefanten:

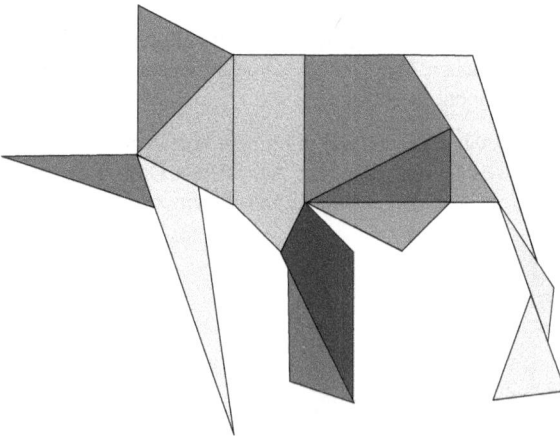

Stochmachion-Elefant

Nachfolgend werden drei Beispiele der möglichen Zusammensetzung der vierzehn Teile zu einem Quadrat gegeben:

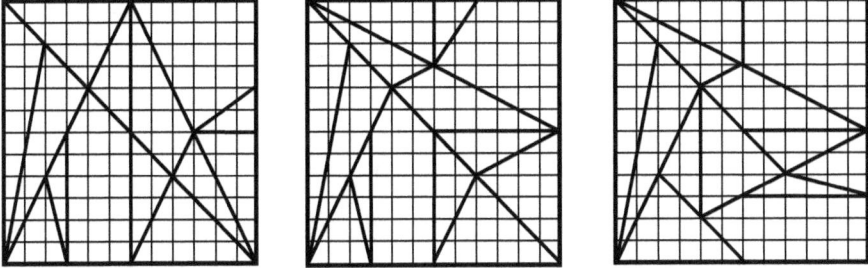

Quadrat-Zusammenlegung des Stomachions

In diesem Kapitel wurden Spiele mit Tangrams und Varianten im Quadrat – speziell Pythagoras – betrachtet. Die Durchführung der Zerlegung von geometrischen Figuren, wie das Herz, das Ei oder der Kreis, wurde durch Konstruktion gezeigt. Das Pythagoras-Legespiel, weitere Spiele und ergänzend mit dem Pythagoras-Baum, haben die breite Vielfalt der Anwendungsmöglichkeiten aufgezeigt. Pentominos und Stomachion bildeten den Abschluss.

4   Pythagoreische Rechentafel oder Malnehmen mal anders nehmen

Carl Friedrich Gauß: geboren 30.4.1777

Start

Oft fragen Schüler der ersten Klasse, wer denn die Zahlen erfunden habe. Und hin und wieder tauchen Fragen auf, wer denn die Rechenarten überhaupt erfunden habe. Zum Malnehmen sollen hier nun einige Erklärungen gegeben werden.

Folgende alte Quelle kann zitiert werden: Euklid, Elemente Buch 7 Definition 15. Hier wird die Multiplikation zum ersten Mal schriftlich erklärt:

„Es wird gesagt, dass eine Zahl eine Zahl vervielfältige, wenn die zu vervielfältigende so oft zusammengesetzt wird, wie viel Einheiten jene enthält, und so eine Zahl entsteht!"

Als Beispiel soll 24 verfünffacht werden ($24 \cdot 5$): Wenn 24 so oft zusammengefügt (addiert) wird, wie viel Einheiten (5) sie hat, hier also $24 + 24 + 24 + 24 + 24$, dann entsteht so eine neue Zahl (120).

Welche alten Kulturen konnten multiplizieren? Hier einige Beispiele:

*   die Ägypter (16. Jahrhundert vor Christus; Teile aus dem 19. Jahrhundert vor Christus im „Papyrus Rhind". Der Papyrus Rhind ist das älteste erhaltene mathematische Lehrbuch, es ist die maßgebliche Quelle des heutigen Wissens der altägyptischen Mathematik),
*   die Babylonier (mathematische Keilschrifttexte um 3000 vor Christus),
*   die Griechen (Eutokios in Archimedes, 287 bis 212),
*   die Römer,
*   die Inder (Aryabhata I., geboren um 476, geschrieben um 499),
*   die Araber (Al-Karagi, Ende des 10. Jahrhunderts),
*   die Italiener (Leonardo von Pisa, 1170 bis 1240),
*   die Deutschen (Apian, 1495 bis 1552),
*   und, und, und...

4.1   Pythagoreische Rechentafel

1x1-Tafeln sind im Wesentlichen seit dem Altertum im Gebrauch. Sie haben ihren Ursprung in der Zeit von Pythagoras (ca. 580 – 500 vor Christus) und wurden deshalb häufig nach ihm benannt. Die pythagoreische Rechentafel war der Vorläufer der später vorgestellten Rechenstäbchen von Napier. Die Multiplikationstafel des kleinen Einmaleins ist eine Anordnung der Produkte von 1x1 bis 9x9, das nachfolgende Beispiel zeigt die quadratische Anordnung.

1	2	3	4	5	6	7	8	9
2	4	6	8	10	12	14	16	18
3	6	9	12	15	18	21	24	27
4	8	12	16	20	24	28	32	36
5	10	15	20	25	30	35	40	45
6	12	18	24	30	36	42	48	54
7	14	21	28	35	42	49	56	63
8	16	24	32	40	48	56	64	72
9	18	27	36	45	54	63	72	81

Die pythagoreische Rechentafel

Das Quadrat ist in Zeilen und Spalten aufgeteilt, die an den Rändern mit den Zahlen 1 bis 9 beschriftet sind. Im Schnittfeld jeder Zeile mit jeder Spalte kann das Produkt aus den beiden außen stehenden Zahlen gefunden werden. Eine solche Multiplikationstafel dient sowohl als einfache Rechenhilfe, aber auch zum Erlernen des kleinen Einmaleins.

Sollen zwei Ziffern multipliziert werden, so wird am entsprechenden Kreuzungspunkt innerhalb der Tafel das Ergebnis abgelesen.

Beispiel: $6 \cdot 8 = ?$

1	2	3	4	5	6	7	8	9
2	4	6	8	10	12	14	16	18
3	6	9	12	15	18	21	24	27
4	8	12	16	20	24	28	32	36
5	10	15	20	25	30	35	40	45
6	12	18	24	30	36	42	48	54
7	14	21	28	35	42	49	56	63
8	16	24	32	40	(48)	56	64	72
9	18	27	36	45	54	63	72	81

Pythagoreische Rechentafel: Beispiel $6 \cdot 8$

Sollen mehrstellige Zahlen multipliziert werden, so wird nach dem üblichen Schema der schriftlichen Multiplikation verfahren: Es wird mit jeder Ziffer der mehrstelligen Zahl multipliziert. Das Ergebnis jeder dieser Einzelmultiplikationen kann in der Tafel abgelesen werden. Diese Werte werden dann jeweils um eine Stelle versetzt und addiert.

Beispiel: $6 \cdot 327 = ?$

1. Schritt:

Zuerst wird jede Ziffer – wie beschrieben – einzeln multipliziert und dabei das Ergebnis auf der Rechentafel abgelesen.

1	2	3	4	5	6	7	8	9
2	4	6	8	10	12	14	16	18
3	6	9	12	15	18	21	24	27
4	8	12	16	20	24	28	32	36
5	10	15	20	25	30	35	40	45
6	12	18	24	30	36	42	48	54
7	14	21	28	35	42	49	56	63
8	16	24	32	40	48	56	64	72
9	18	27	36	45	54	63	72	81

Pythagoreische Rechentafel: Beispiel $6 \cdot 327$

2. Schritt:

Nachdem die Ergebnisse mit Hilfe der Tafel bestimmt wurden, werden diese jeweils um eine Stelle versetzt untereinander geschrieben. Danach wird spaltenweise aufaddiert:

```
6 · 3 2 7
      4 2
    1 2
  1 8
  ─────────
  1 9 6 2
```

Da die Multiplikation zweier Ziffern maximal eine zweistellige Zahl ergibt, müssen bei der Schlussaddition jeweils maximal zwei Ziffern addiert werden. Weiters ist feststellbar, dass die Zehnerziffer jeweils zur Einerziffer des nächsten Produkts addiert wird. Entsteht ein Übertrag, so muss er bei der nächsten Addition (also eine Spalte weiter nach links) als zusätzliche Komponente berücksichtigt werden.

4.1.1 Zahlen werden Muster

Es folgt nun ein schönes Beispiel, um das Kopfrechnen zu trainieren: Dass sich hinter Zahlen Muster verstecken können, konnte bereits in der fantastischen Welt der Fraktale erlebt werden. Eine zahlentheoretisch interessante Übung ist das Darstellen von Teilbarkeitseigenschaften anhand der multiplikativen Verknüpfungstafel, der 1x1-Tafel. Dabei geht es um die Unterscheidung von zerlegbaren und nicht zerlegbaren (Primzahlen) Teilern.

Es kann eine Darstellung aller durch 5 teilbaren Produkte in der Tafel des „kleinen Einmaleins" gegeben werden. Jede Zahl die durch 5 teilbar ist, wurde markiert:

1	2	3	4	5	6	7	8	9	10
2	4	6	8	10	12	14	16	18	20
3	6	9							
							80	90	100

Fünfermuster: klein

Das Muster setzt sich entsprechend fort, wenn die Tafel des „großen Einmaleins" herangezogen wird:

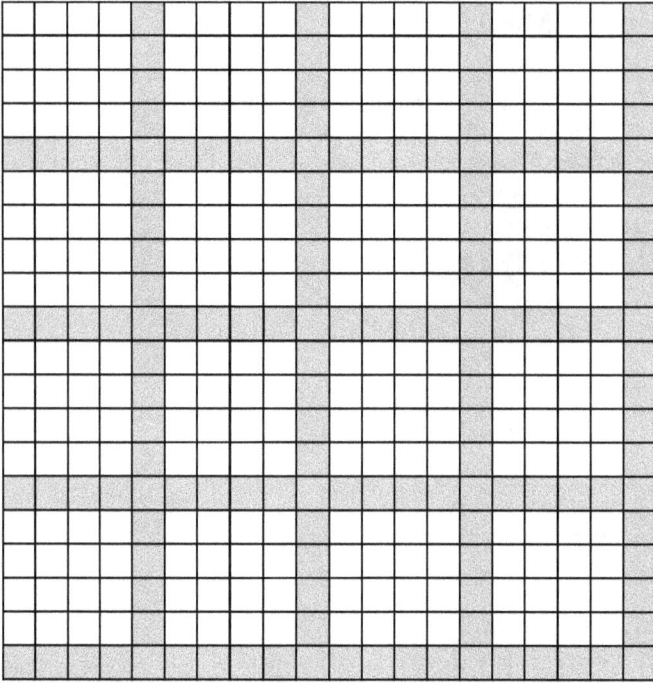

Fünfermuster: groß

Wesentlich reizvoller erweist sich das Muster für all jene Zahlen, deren Produkte durch 6 teilbar sind:

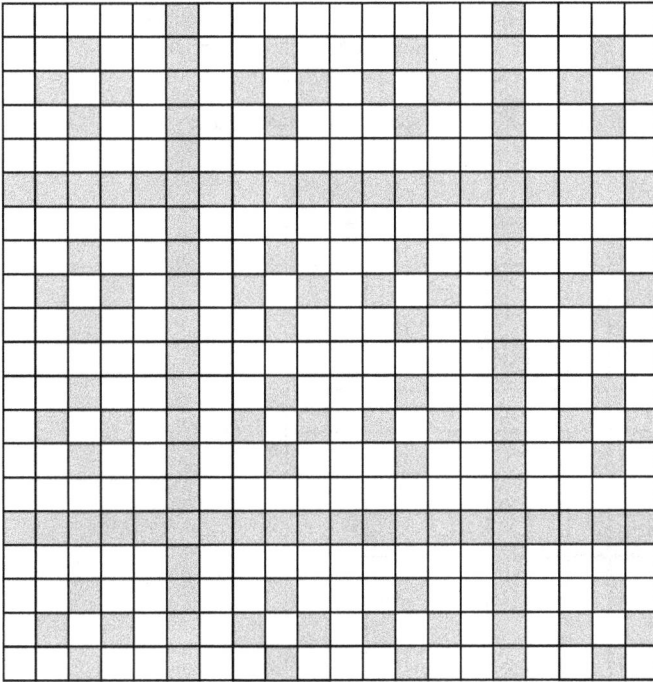

Sechsermuster: groß

Der Grund für die unterschiedlich gearteten Muster ist leicht gefunden: Es gibt Produkte, die durch 6 teilbar sind, obwohl sich keiner der Faktoren durch 6 teilen lässt. Entsprechendes tritt nicht auf, wenn Teilbarkeit durch 5 betrachtet wird, weil 5 eine Primzahl ist. In solchen Unterscheidungen sind implizit bereits Elemente der algebraischen Zahlentheorie enthalten (Nullteiler in Restklassenalgebren).

Die Maschen der Muster, welche die Teilbarkeit der Produkte 2, 3, 4, ..., 12 zeigen, kann als sehr atemberaubend bezeichnet werden – es empfiehlt sich, dies anzusehen.

4.1.2   Geburtstagsmuster

Muster können auch durch endliche Zahlenreihen auf kariertem Papier erzeugt werden.

Die Daten eines Geburtsdatums werden dabei in eine Zahlenreihe verwandelt: 23.5.1978 wird zur Zahlenreihe 2-3-5-1-9-7-8.

Für jede Zahl wird eine entsprechend lange Strecke gezeichnet und anschließend rechts abgebogen. Kommt eine Null vor, kann sie auch weglassen bzw. zweimal hintereinander abgebogen werden. Diese Zahlenfolge wird mehrere Male hintereinander ausgeführt.

In der folgenden Grafik kann das Geburtstagsmuster von Leonhard Euler gefunden werden (15.4.1707 = 1-5-4-1-7-7):

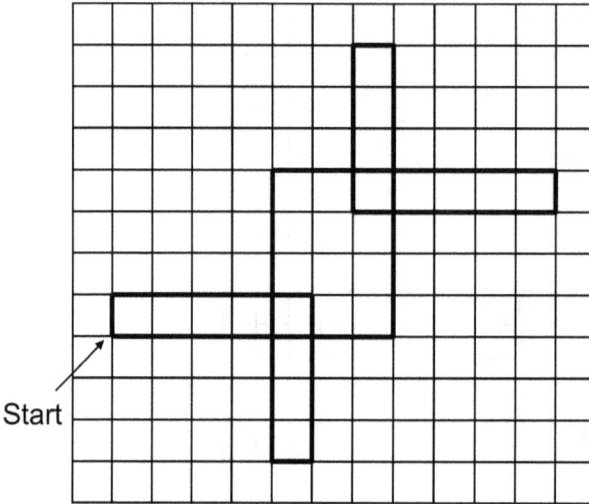

Geburtstagsmuster: Euler

Früher oder später kehrt die Streckenfolge wieder zu ihrem Ausgangspunkt zurück – oder doch nicht? Versuchen Sie, dies herauszufinden! Gibt es endliche Streckenfolgen, die nicht wieder zu ihrem Ursprung zurückkehren?

4.2   Die Rechenstäbchen des John Napier

Die erste Multiplikationshilfe erfand der schottische Mathematiker John Napier (1550-1617). Mit den Napierschen Rechenstäbchen wurde sogar bis zu Beginn des 19. Jahrhunderts gerechnet!

Napier wurde 1550 in Merchiston Castle bei Edinburgh geboren. Als schottischer Edelmann trug er den Titel Laird („Gutsherr") of Merchiston. Napier erfand unabhängig von Bürgi die Logarithmen, ihre Basis war annähernd $1/e$. Er berechnete eine 7-stellige Tafel, später einigte er sich mit H. Briggs auf die dekadischen Logarithmen. Napier starb am 3.4.1617 in Merchiston Castle. Nach ihm wurde die Maßeinheit der Dämpfung bei elektrischen und akustischen Schwingungen benannt.

Hinweis:

In der Literatur wird häufig der Name Napier in der lateinischen Form Neper benutzt, und im Buch „Logarithmorum" wird er als Ioanne Nepero bezeichnet. Napier gewann in Folge der geografischen Entdeckungen im Mittelalter enorm an Bedeutung: Der Handel erfuhr einen gewaltigen Aufschwung auf Grund der Ausbeutung der Kolonien, die die Wirtschaft Europas in einem ungeahnten Maße belebte. Dies hatte in Folge Auswirkungen auf die Mathematik, denn die bisher verwendeten Rechenmethoden genügten nicht mehr. Sie waren zu schwerfällig, zu ungenau und zu langsam geworden, zusätzlich war der sehr praktische Handabakus der Römer in Vergessenheit geraten. Seefahrer, Kaufleute, Wissenschaftler aller Ausrichtungen und nicht zuletzt Landvermesser brauchten neue Rechenverfahren, die Zeit sparten, sich leicht anwenden ließen und präzise Resultate lieferten. Und all dies konnte Napier mit seinen Methoden gewährleisten.

Mit der Erfindung der Logarithmen durch den Schweizer Jost Bürgi und dem Schotten John Napier konnte eine Multiplikation auf die Addition, die Division auf eine Subtraktion und das Potenzieren auf eine Multiplikation zurückgeführt werden. Doch für das Logarithmieren mussten zunächst umfangreiche Rechentafeln erstellt werden und dafür war es notwendig, viele Multiplikationen auszuführen. John Napier untersuchte deshalb den Multiplikationsalgorithmus genauer und stellte dabei Interessantes fest. Das Ergebnis seiner Überlegungen waren die Rechenstäbchen.

Die Napierschen Rechenstäbchen sind Stäbchen mit quadratischem Querschnitt, mit denen Multiplikationen und Divisionen durchgeführt werden können. Die Stäbchen konnten zur Multiplikation auf eine Art Tablett gelegt werden, an dessen linkem Rand die Zahlen 1 bis 9 untereinander aufgeführt waren. Die Stäbchen können exakt in dieses Tablett hineingelegt werden; auf ihnen ist auf jeder Seite eine Reihe des Einmaleins zeilenweise notiert. Eine Zeile ist stets diagonal geteilt von links unten nach rechts oben. Im unteren rechten Dreieck steht die Einerstelle und im oberen linken Dreieck die Zehnerstelle der Zahl.

Wie kann nun mit diesen Rechenstäbchen gerechnet werden? Ausgangspunkt war für Napier eine einfache Multiplikationstafel für das kleine Einmaleins. Er fügte in die Tafel parallel verlaufende Querlinien ein, so dass die Multiplikationstafel wie folgt aussah:

1	2	3	4	5	6	7	8	9
2	4	6	8	1/0	1/2	1/4	1/6	1/8
3	6	9	1/2	1/5	1/8	2/1	2/4	2/7
4	8	1/2	1/6	2/0	2/4	2/8	3/2	3/6
5	1/0	1/5	2/0	2/5	3/0	3/5	4/0	4/5
6	1/2	1/8	2/4	3/0	3/6	4/2	4/8	5/4
7	1/4	2/1	2/8	3/5	4/2	4/9	5/6	6/3
8	1/6	2/4	3/2	4/0	4/8	5/6	6/4	7/2
9	1/8	2/7	3/6	4/5	5/4	6/3	7/2	8/1

Konstruktion der Rechenstäbchen

In einem weiteren Schritt zerschnitt Napier die Tafel in senkrechte Streifen und klebte diese mehrfach auf Holzstäbchen. Als Hilfe und zur besseren Übersicht – und in Ermangelung des Tabletts der früheren Tage – ist es möglich, einen zusätzlichen nummerierten Stab von 1 bis 9 anzulegen, wie nachfolgend dargestellt wird:

1	6	8	2	7
2	1/2	1/6	4	1/4
3	1/8	2/4	6	2/1
4	2/4	3/2	8	2/8
5	3/0	4/0	1/0	3/5
6	3/6	4/8	1/2	4/2
7	4/2	5/6	1/4	4/9
8	4/8	6/4	1/6	5/6
9	5/4	7/2	1/8	6/3

Rechenstäbchen: zusätzlicher Stab

Nun soll sofort ein Beispiel versucht werden: $6 \cdot 327 = ?$

„Klassisch" würden dies folgendermaßen gerechnet werden:

```
6 · 3 2 7
      4 2
    1 2
  1 8
  1 9 6 2
```

Die Vorgehensweise nach Napier ist hingegen folgende: Auf jedem Stäbchen ist eine Multip-likationsreihe abgebildet und abzulesen. Nach der gewünschten Rechenoperation $6 \cdot 327$ sind somit als erstes das 3er-Stäbchen (für die 100-Stelle), dann das 2er-Stäbchen (für die 10-Stelle) und als letztes der 7er-Stäbchen (für die 1-Stelle) nebeneinander zu legen. Da die Multiplikation „·6" stattfinden soll, wird die Zahlenreihe nach der „6er-Zeile" laut dem vorangestellten Übersichtsstäbchen herangezogen.

Rechenstäbchen: Beispiel $6 \cdot 327$

Nun kann sehr einfach jedes Feld – geteilt durch Querlinien – wie bei einer gewöhnlichen Addition zusammen gezählt werden:

1. Feld: 1
2. Feld: $8+1=9$
3. Feld: $2+4=6$
4. Feld: 2

Diese Zahlen bilden das Ergebnis der Multiplikation $6 \cdot 327 = 1962$!

Weitere Beispiele:

$7 \cdot 439 = ?$

$$
\begin{array}{r}
7 \cdot 4\ 3\ 9 \\
6\ 3 \\
2\ 1 \\
2\ 8 \\
\hline
3\ 0\ 7\ 3
\end{array}
$$

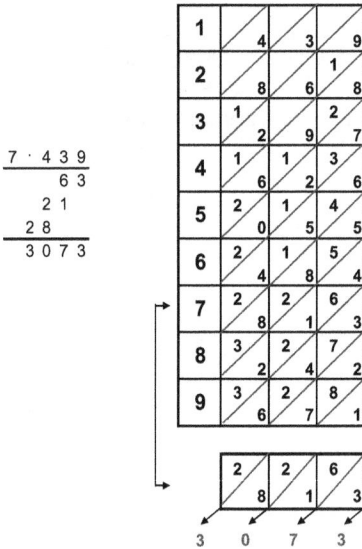

Rechenstäbchen: Beispiel $7 \cdot 439$

$4 \cdot 78196 = ?$

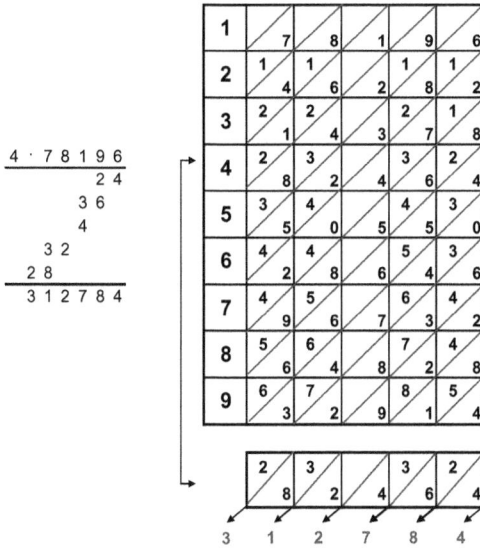

$$4 \cdot 78196$$

2 4					
3 6					
4					
3 2					
2 8					
3 1 2 7 8 4					

Rechenstäbchen: Beispiel $4 \cdot 78196$

Mit den Rechenstäbchen von Napier können auch mehrstellige Zahlen multipliziert werden. Hier wird eine einfache Variante vorgestellt:

Angenommen, folgendes Ergebnis wird gesucht: $92 \cdot 43 = ?$

1. Schritt:

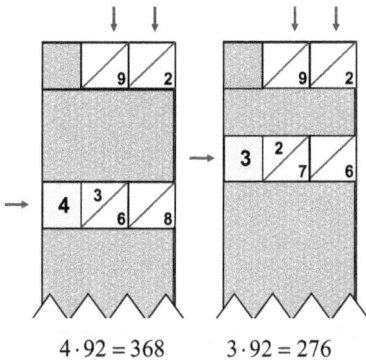

$$4 \cdot 92 = 368 \qquad 3 \cdot 92 = 276$$

Rechenstäbchen: Beispiel $92 \cdot 43$

2. Schritt:

Nun muss nur noch stellenwertrichtig addiert werden.

$92 \cdot 43 = 3956$!

```
4 3 · 9 2
3 6 8
  2 7 6
3 9 5 6
```

Gleich noch ein Beispiel, diesmal sogar dreistellig!

$523 \cdot 467 = ?$

1. Schritt:

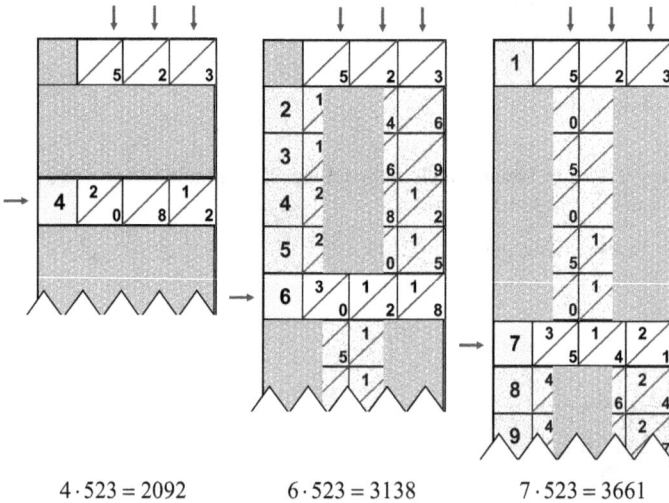

$4 \cdot 523 = 2092$ $6 \cdot 523 = 3138$ $7 \cdot 523 = 3661$

Rechenstäbchen: Beispiel $523 \cdot 467$

2. Schritt: stellenwertrichtiges Addieren

$523 \cdot 467 = 244241$!

$$
\begin{array}{r}
4\ 6\ 7\ \cdot\ 5\ 2\ 3 \\
\hline
2\ 0\ 9\ 2 \\
3\ 1\ 3\ 8 \\
3\ 6\ 6\ 1 \\
\hline
2\ 4\ 4\ 2\ 4\ 1
\end{array}
$$

Die Division mittels der Rechenstäbchen von Napier

Es ist sogar möglich, mit den Rechenstäbchen zu dividieren. Hierbei werden die Rechenstäbchen zur Ermittlung der Ziffern des Quotienten und zur „Rückrechnung" eingesetzt. Folgendes Beispiel soll dies verdeutlichen:

Beispiel: $93216375 \div 4275 = ?$

1. Schritt:

Darstellung des Divisors mit Hilfe der Napierstäbchen

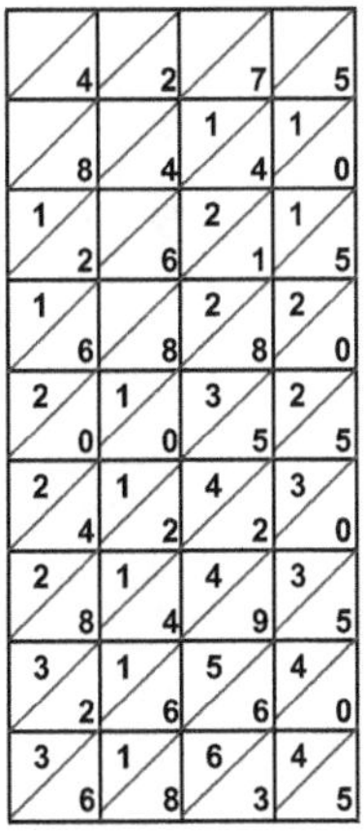

Rechenstäbchen: Beispiel Division

Zunächst wird jene Zeile gesucht, die sich am besten von unten an den Dividenden annähert; die Zeilennummer entspricht der ersten Ziffer des Quotienten.

$$9\ 3\ 2\ 1\ 6\ 3\ 7\ 5 : 4\ 2\ 7\ 5 = 2$$
$$= 8550 \qquad \frac{8\ 5\ 5\ 0}{7\ 7\ 1\ 6}$$

Rechenstäbchen: Beispiel Division - Schritt 1

2. Schritt:

Danach kommt die Rückrechnung und Differenzbildung (ohne Stäbchen!) und das Ziehen der nächsten Ziffer aus dem Dividenden.

$$9\ 3\ 2\ 1\ 6\ 3\ 7\ 5 : 4\ 2\ 7\ 5 = 2\ 1\ 8\ 0\ 5$$

```
     8 5 5 0
     7 7 1 6
     4 2 7 1
     3 4 4 1 3
     3 4 2 0 0
       2 1 3 7 5
       2 1 3 7 5
               0
```

$= 21375$

Rechenstäbchen: Beispiel Division - Schritt 2

Zusammenfassend ist anzumerken, dass die Napierschen Rechenstäbchen leider ziemlich in Vergessenheit geraten sind, obwohl sie einen bedeutenden Einfluss auf die Entwicklung der Rechenmaschinen hatten. Denn erst durch Napiers Rechenstäbchen war es Wilhelm Schickard im Jahre 1623 möglich, die erste mechanische Rechenmaschine zu bauen!

4.3   Gittermethode

Die Napiersche Multiplikation kann auch mit der so genannten Gittermethode (oder Netzme-
thode, auch Gelosia-Methode) durchgeführt werden. Bei dieser Methode werden die Multip-
likationsaufgaben schriftlich gelöst.

Die Gittermethode: Beispiel $468 \cdot 246$

Zunächst werden außerhalb des Rechtecks die Zeilen mit den Ziffern des einen Produktfaktors (hier 246) und die Spalten mit den Ziffern des zweiten Produktfaktors (hier 468) beschriftet.

Dann wird in jedes Schnittfeld von Zeile mit Spalte das Produkt der beiden außen liegenden
Zahlen eingetragen, wobei die Zehnerziffer des Teilproduktes über den Diagonalen, die Einerziffer darunter einzutragen ist. Die benötigten Teilprodukte können, sofern nicht geläufig,
einer Multiplikationstafel entnommen werden.

Schließlich werden die im Rechteck eingetragenen Ziffern zusammengezählt, und zwar von
rechts beginnend, und dann diagonal von links unten nach rechts oben. Dann wird das Ergebnis jeder diagonalen Addition in der untersten Zeile 1-ziffrig eingetragen. Ein eventuell
vorhandener Zehnerübertrag wird zur nächsten diagonalen Addition wiederum addiert. Das
Ergebnis der Multiplikation $468 \cdot 246 = 115128$ steht schließlich in der untersten Zeile.

Die Vorteile des Verfahrens liegen darin, dass der Rechner zur Ausführung einer Multiplikation nur mit dem Zeichnen des Gitters, dem Eintragen der Faktoren und der Teilprodukte
sowie mit der Addition vertraut sein muss. Bei schematischem Vorgehen werden Fehler
weitgehend vermieden. Das Verfahren war schon im Mittelalter in Italien gebräuchlich und
wurde dort „multiplicare per gelosia" genannt (gelosia, italienisch für Eifersucht).

Die einzelnen Schritte sollen nun beschrieben werden:

Ausgangspunkt ist folgendes Gitterraster:

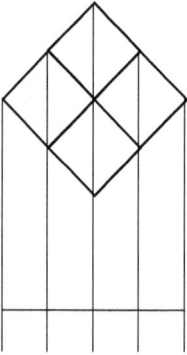

Gittermethode: Multiplikation zweier zweistelliger Zahlen

Angenommen, es soll $92 \cdot 43$ ausgerechnet werden, dann wird die Rechenoperation wie folgt eingetragen:

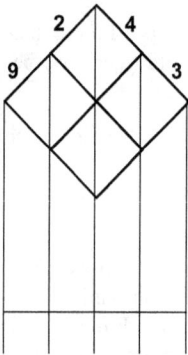

Gittermethode: Beispiel $92 \cdot 43$ *- Schritt 1*

Nun wird „Zeile für Zeile" kreuzweise multipliziert und das Ergebnis nachgereiht eingetragen: im vorliegenden Fall also zuerst $2 \cdot 4 = 8$

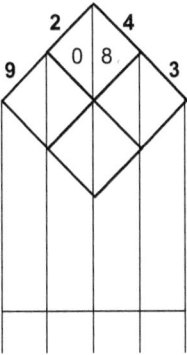

Gittermethode: Beispiel $92 \cdot 43$ *- Schritt 2*

Der nächste Rechenschritt ist $9 \cdot 4 = 36$ und wird in die folgende Zeile, bei der Ziffer 9, im Gitterraster eingetragen:

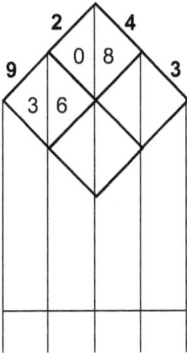

Gittermethode: Beispiel $92 \cdot 43$ *- Schritt 3*

Als nächstes wird $2 \cdot 3 = 6$ gerechnet und wieder im Gitter eingetragen:

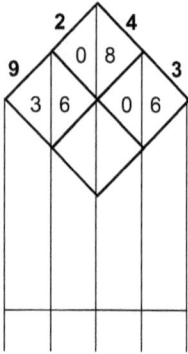

Gittermethode: Beispiel 92 · 43 - Schritt 4

Die noch fehlende Multiplikation ist $9 \cdot 3 = 27$, auch das wird im Gitterraster vermerkt.

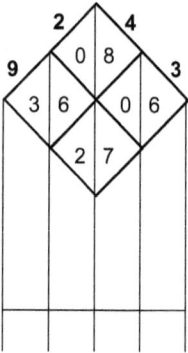

Gittermethode: Beispiel 92 · 43 - Schritt 5

Zum Abschluss müssen die eingetragenen, einzelnen Multiplikationen nur noch addiert werden, und das Ergebnis steht fest: $92 \cdot 43 = 3956$!

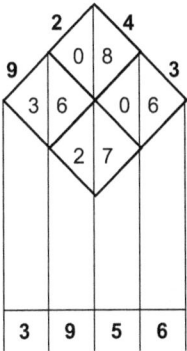

Gittermethode: Beispiel $92 \cdot 43$ *- Schritt 6*

Selbstverständlich können auch mehrstellige Zahlen mit der Gittermethode multipliziert werden.

Die Berechnung wird anhand des Beispiels $377 \cdot 53$ dargestellt:

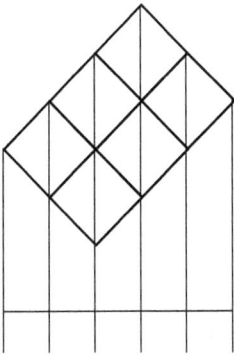

Gittermethode: Multiplikation einer zweistelligen mit einer dreistelligen Zahl

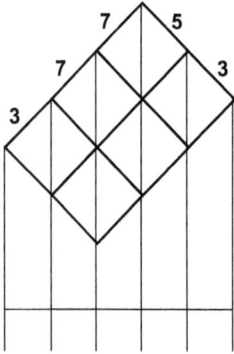

Gittermethode: Beispiel $377 \cdot 53$ *- Schritt 1*

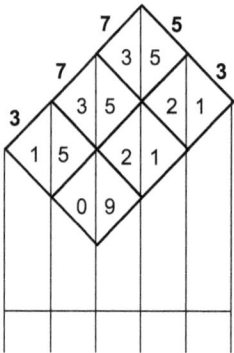

Gittermethode: Beispiel $377 \cdot 53$ *- Schritt 2*

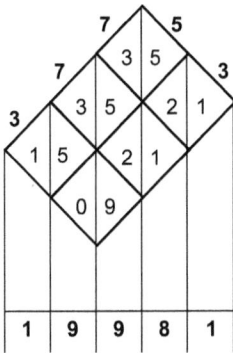

Gittermethode: Beispiel $377 \cdot 53$ *- Schritt 3*

Als nächstes Beispiel wird folgende Rechnung versucht: $271 \cdot 896 = ?$

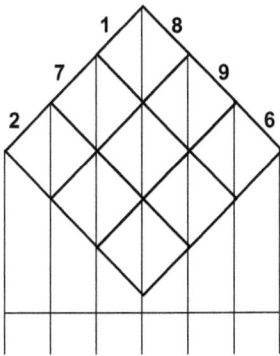

Gittermethode: Multiplikation zweier dreistelliger Zahlen - Beispiel $271 \cdot 896$, *Schritt 1*

Auf jeder Seite des Gitters befinden sich 3 Zahlen – also müssen $3 \cdot 3 = 9$ einzelne Multiplikationen durchgeführt werden, beginnend bei $1 \cdot 8$, $7 \cdot 8$ und $2 \cdot 8$, dann $1 \cdot 9$, und $1 \cdot 6$, weiter mit $7 \cdot 9$ und $7 \cdot 6$ und zuletzt mit $2 \cdot 9$ und $2 \cdot 6$:

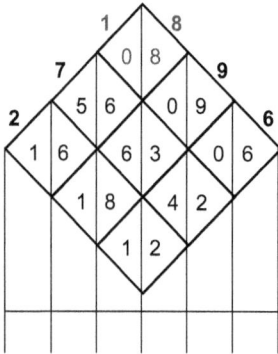

Gittermethode: Beispiel $271 \cdot 896$ *- Schritt 2*

Zum Abschluss muss wiederum die Summe gebildet – im vorliegenden Beispiel muss also sechsmal addiert werden:

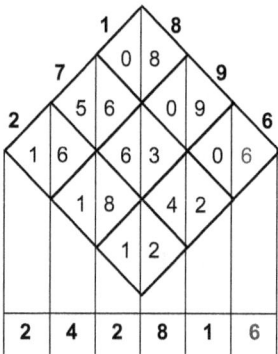

Gittermethode: Beispiel $271 \cdot 896$ *- Schritt 3*

Das Ergebnis steht fest: $271 \cdot 896 = 242816$!

So wurde also zur Zeit Napiers multipliziert. Allerdings muss an dieser Stelle festgehalten werden, dass die Idee, Multiplikationen mit Hilfe diagonal strukturierter Gittermuster durchzuführen, nicht von Napier selbst stammt – diese Vorgehensweise ist sogar wesentlich älter. Die Methode, mehrstellige Dezimalzahlen nach der Gelosia-Methode auf schriftlichem Wege zu multiplizieren, stammt vermutlich aus Indien, und wurde somit erst viel später in Europa unter der Bezeichnung Gelosia-Methode gebräuchlich.

4.4   Abessinische Bauernmultiplikation bzw. -regel

Bei dieser Multiplikationsform werden alle geraden Zahlen ganz einfach gestrichen, denn die abessinischen Bauern glauben daran, dass gerade Zahlen Unglück bringen!

Diese bzw. ähnliche Methoden werden auch Russische Bauernmultiplikation oder Ägyptisches Multiplizieren genannt. Sie ist ein einfaches Verfahren zur Multiplikation zweier natürlicher Zahlen. Sie war bereits im Altertum bekannt und wurde in Deutschland bis ins Mittelalter verwendet. In Russland war dieses Verfahren bis weit in die Neuzeit üblich – von daher stammt auch der Name.

Diese Multiplikationsmethode hat den Vorteil, dass im Prinzip nur halbiert, verdoppelt und addiert werden muss. Das kleine Einmaleins wird nicht benötigt! Implizit wird eine schriftliche Multiplikation im Binärsystem durchgeführt.

Und so funktioniert das Verfahren:

1. Die beiden zu multiplizierenden Zahlen werden nebeneinander geschrieben.
2. Auf der linken Seite werden die Zahlen jeweils halbiert (Reste werden abgerundet) und die Ergebnisse untereinander geschrieben, bis die 1 erreicht wird.
3. Auf der rechten Seite werden die Zahlen verdoppelt und untereinander geschrieben.
4. Die rechts stehenden (verdoppelten) Zahlen werden gestrichen, wenn die links stehende Zahl gerade ist.
5. Die Summe der nicht gestrichenen, rechts stehenden Zahlen ergibt das gesuchte Produkt.

Die Schritte werden nun zum besseren Verständnis anhand einer Rechenoperation durchgeführt. Es wird erneut die Multiplikation $271 \cdot 896 = 242816$ verwendet.

Schritte 1. bis 3.:

Links werden die Ziffern halbiert (ohne Rest) bis die 1 erreicht wird und rechts entsprechend oft verdoppelt. Beim vorliegenden Beispiel wird dieser Vorgang also neunmal durchgeführt:

```
8 9 6            2 7 1
4 4 8            5 4 2
2 2 4          1 0 8 4
1 1 2          2 1 6 8
  5 6          4 3 3 6
  2 8          8 8 7 2
  1 4        1 7 3 4 4
    7        3 4 6 8 8
    3        6 9 3 7 6
    1      1 3 8 7 5 2
```

Schritt 4.:

Zeilen mit geraden Zahlen in der linken Spalte werden gestrichen – im vorliegenden Beispiel also 7 Zeilen:

```
8̶ 9̶ 6̶          2̶ 7̶ 1̶
4̶ 4̶ 8̶          5̶ 4̶ 2̶
2̶ 2̶ 4̶        1̶ 0̶ 8̶ 4̶
1̶ 1̶ 2̶        2̶ 1̶ 6̶ 8̶
  5̶ 6̶        4̶ 3̶ 3̶ 6̶
  2̶ 8̶        8̶ 8̶ 7̶ 2̶
  1̶ 4̶      1̶ 7̶ 3̶ 4̶ 4̶
    7        3 4 6 8 8
    3        6 9 3 7 6
    1      1 3 8 7 5 2
```

Schritt 5.:

Danach wird begonnen, die rechte Spalte zu addieren:

```
 8 9 6 |         2 7 1
 4 4 8 |         5 4 2
 2 2 4 |       1 0 8 4
 1 1 2 |       2 1 6 8
   5 6 |       4 3 3 6
   2 8 |       8 8 7 2
   1 4 |     1 7 3 4 4
     7 |     3 4 6 8 8
     3 |     6 9 3 7 6
     1 |   1 3 8 7 5 2
       ─────────────────
                  [1]
                   6
```

Danach – wenn alles zusammengezählt wurde – steht das Ergebnis fest:

```
 8 9 6 |         2 7 1
 4 4 8 |         5 4 2
 2 2 4 |       1 0 8 4
 1 1 2 |       2 1 6 8
   5 6 |       4 3 3 6
   2 8 |       8 8 7 2
   1 4 |     1 7 3 4 4
     7 |     3 4 6 8 8
     3 |     6 9 3 7 6
     1 |   1 3 8 7 5 2
       ─────────────────
          [1][2][1][2][1]
           2 4 2 8 1 6
```

Dieselbe Idee kann auch benutzt werden, um Potenzen mit großen ganzzahligen Exponenten zu berechnen.

Das Potenzieren ist – genau wie das Multiplizieren – vom Grundsatz her als abkürzende Schreibweise für eine wiederholte mathematische Rechenoperation zu betrachten. Wie beim Multiplizieren ein Summand wiederholt addiert wird, so wird beim Potenzieren ein Faktor wiederholt multipliziert:

$$\underbrace{a \cdot a \cdot a \cdot \ldots \cdot a}_{b\,\text{Faktoren}} = a^b$$

Diese Rechenoperation wird als „a hoch b" bezeichnet. a bedeutet Basis (oder Grundzahl), b wird Exponent (oder Hochzahl) der Potenz a^b genannt.

Hier wird das Verfahren für eine Berechnung „von Hand" derart gestaltet, dass zunächst die Basis genügend häufig quadriert und danach die richtigen Zahlen miteinander multipliziert werden. Durch dieses Verfahren ähnelt die Methode der Russischen Bauernmultiplikation, die ja die Multiplikation von zwei Zahlen mittels Verdoppeln und anschließendem Addieren begründet.

Das Ausrechnen von Potenzen wird wie folgt durchgeführt:

1. Der Exponent wird links und die Basis rechts geschrieben.
2. Der Exponent wird schrittweise halbiert (Ergebnis ist abzurunden) und die Basis ebenso schrittweise quadriert.
3. Danach werden jene Zeilen mit geraden Exponenten gestrichen.
4. Die Potenzen mit ungeraden Exponenten werden multipliziert – das Produkt der (nicht gestrichenen) rechten Zahlen ist die gesuchte Potenz!

Das Verfahren soll am Beispiel $2^{18} = ?$ in den einzelnen Schritten erklärt werden:

1. Schritt:

Der Exponent wird links und die Basis rechts geschrieben.

```
1  8 | 2
     |
     |
     |
_____|_____
     |
     |
```

2. Schritt:

Der Exponent wird halbiert und die Basis quadriert:

```
1  8 | 2
   9 | 4
   4 | 1  6
   2 | 2  5  6
   1 | 6  5  5  3  6
```

3. Schritt:

Die Zeilen mit geraden Exponenten werden gestrichen:

```
~~1  8 | 2~~
   9 | 4
~~  4 | 1  6~~
~~  2 | 2  5  6~~
   1 | 6  5  5  3  6
```

4. Schritt:

Die Potenzen mit ungeraden Exponenten werden multipliziert...

```
~~1  8 | 2~~
   9 | 4
~~  4 | 1  6~~
~~  2 | 2  5  6~~
   1 | 6  5  5  3  6
```
Ergebnis = | 4 x 65.536

... und das Ergebnis steht fest!

```
  1 8 2
  9 4
  4 1 6
  2 2 5 6
1 6 5 5 3 6
```

Ergebnis = | 2 6 2 1 4 4 (= 4 x 65.536)

Dieses Verfahren wird „binäre Exponentiation" genannt und ist eine effektive Methode zur Berechnung von ganzzahligen Potenzen. Dieser Algorithmus wurde etwa um 200 vor Christus in Indien entdeckt und ist in dem Werk Chandah-sûtra festgehalten worden.

4.5   Vedische Multiplikation

Diese Rechenart kommt aus Indien und gehört zur so genannten vedischen Mathematik. Unter vedischer Mathematik sind Rechenregeln zu verstehen, die von Bharati Krishna Tirthaji zwischen 1911 und 1918 aus dem Veda (Heilige Schriften des Hinduismus) aufbereitet wurden. Diese Art des Rechnens beruht auf 16 Grundregeln – es kann subtrahiert, multipliziert und quadriert werden. Die Schnelligkeit, mit der die Rechenvorgänge bewerkstelligt werden können, unterscheidet sich wesentlich von jener der Grundschultechniken. Ein Vorzug besteht unter anderem darin, dass das kleine Einmaleins lediglich bis 5 zu beherrschen ist, um alle Zahlen multiplizieren zu können!

Die vedische Mathematik hilft mit ihren neuartigen Methoden, Techniken und Zugängen den Lernenden, ihre Eignung und ihr kreatives rationelles Denken zu entwickeln. Sie hat den Test der Zeit über Jahrhunderte mit ihren modernen Zugängen und Verfahren bestanden und hilft noch heute Schülerinnen und Schülern, ihre intuitiven Fähigkeiten zu entwickeln, was sich wiederum positiv auf die rechte Gehirnhälfte auswirkt – und somit den Weg zu einer ganzheitlichen Entwicklung ebnet.

Praktische Versuche haben gezeigt, dass ein Jahrespensum eines Mathematiklehrplanes in circa 60% dieser Zeit erarbeitet werden kann, was das Lernen schneller und erfreulich macht. Die positive Wirkungsweise der vedischen Rechenmethode wurde überdies in vielen Workshops und Tests bewiesen. Tatsächlich ist die vedische Mathematik bekannt als „Mathe mit Lächeln"!

Doch nun soll die vedische Multiplikation vorgestellt werden, und zwar mit folgendem Beispiel: $8 \cdot 7 = ?$

1. Schritt:

Als Basis bei einstelligen Multiplikatoren ist die Zahl 10 zu wählen. Zuerst wird von beiden zu multiplizierenden Zahlen 8 und 7 jeweils die Basis 10 abgezogen:

8 - 10 = -2
7 - 10 = -3

2. Schritt:

Als weitere Berechnungsbasis werden die Ergebnisse je Zeile herangezogen:

8 | **-2**
7 | **-3**

3. Schritt:

Die erste Stelle des gesuchten Multiplikationsergebnisses wird errechnet, indem von der Berechnungsbasis links oben die Zahl rechts unten abgezogen wird:

8 - 2
7 - 3 = [5]

Diese 5 bildet also bereits die erste Stelle des Ergebnisses!

4. Schritt:

Nun wird die rechte Seite der Berechnungsbasis multipliziert:

8 - [2]
7 - [3]

Diese beiden Zahlen werden multipliziert:

2 x 3 = [6]

Diese Zahl ergibt die zweite Stelle des gesuchten Ergebnisses! Beide Zahlen werden nun zusammengesetzt:

- 1. Stelle = 5
- 2. Stelle = 6

Das ergibt zusammen 56 und ist auch das Ergebnis der gesuchten Multiplikation $8 \cdot 7 = 56$!

Selbstverständlich können auch mehrstellige Ziffern multipliziert werden! Als Beispiel soll folgende Multiplikation dienen: $95 \cdot 97 = ?$

1. Schritt:

Als Basis wird nun die Zahl 100 gewählt, da hier zweistellige Zahlen multipliziert werden sollen. Zuerst wird von beiden Zahlen 95 und 97 jeweils die Differenz zu 100 gesucht:

		Differenz zu 100:
9	**5**	**5**
9	**7**	**3**

2. Schritt:

Als weitere Berechnungsbasis wird wieder die Ergebnistabelle herangezogen:

9	**5**	**5**
9	**7**	**3**

3. Schritt:

Die erste Stelle des gesuchten Multiplikationsergebnisses wird errechnet, indem von der Berechnungsbasis links oben die Zahl rechts unten abgezogen wird:

9	**5**	**5**
9	**7**	**3**

95 - 3 = 92

Dieses Ergebnis 92 bildet die erste Stelle des gesuchten Multiplikationsergebnisses.

4. Schritt:

Nun wird wieder die rechte Seite der Berechnungsbasis multipliziert:

9	**5**	**5**
9	**7**	**3**

Diese beiden Zahlen werden multipliziert:

5 x 3 = 15

Diese 15 stellt die zweite Stelle des gesuchten Ergebnisses dar. Beide Zahlen zusammen ergeben 9215 und bilden somit das korrekte Ergebnis der Multiplikation von $95 \cdot 97 = 9215$!

Bei dreistelligen Zahlen wird als Basis auf 1000 erhöht, bei vierstelligen auf 10000 usw. Das Rechenverfahren selbst bleibt dabei laut den vorgeführten 4 Schritten immer gleich.

An dieser Stelle soll der große Mathematiker Jaina Mahaviracarya (9. Jahrhundert n. Chr.) zitiert werden, der die Unvermeidbarkeit und die Größe der Mathematik in dem folgenden Vers, geschrieben im Veda (Ganitasarasangrha, 1.9,16), gepriesen hat:

„In allem weltlichen Leben oder in vedischen Angelegenheiten oder sogar in den religiösen Dingen, mit was es auch immer zu tun hat, überall ist das Zählen essentiell. Was soll noch weiter viel geredet werden? In allen drei Welten, lebendig oder nicht lebendig, was auch immer durchgeführt wird, es kann nicht ohne Mathematik sein!"

Zusammengefasst bedeutet die Formel für ein optimales Leben:

(+) Addiere gute Freunde
(-) Subtrahiere schlechte Eigenschaften
(x) Multipliziere die eigenen Stärken
(:) Teile die Arbeit
(d) Differenziere zwischen richtig und falsch
( ) Integriere Persönlichkeit

In diesem Kapitel hat die Pythagoreische Rechentafel den Ausgangspunkt für Muster und Methoden der Multiplikation (wie Rechenstäbchen und Gittermethode) gebildet. Die Abessinische Bauernmultiplikation und „Mathe mit Lächeln" bzw. vedische Mathematik schließen sowohl das Kapitel wie auch das ganze Buch "Mathematik im Alltag" positiv gestimmt ab.

Stichwortverzeichnis

www.ingramcontent.com/pod-product-compliance
Lightning Source LLC
Chambersburg PA
CBHW070356200326
41518CB00012B/2248